성평등한 세상을
만들고 싶어

그린이 김형준

홍익대학교에서 동양화를 전공했습니다. 1995년 《옷감짜기》(보림)로 데뷔한 이래 지금까지 일러스트레이터로 활동하고 있습니다. 쓰고 그린 그림책으로는 《바본가》(월천상회)가 있습니다. 부박한 일상에 고착된 생각 너머 새로운 몸과 마음을 상상하는, 그 상상 속에 새로운 삶이 움트는 그런 그림책을 지으려 합니다.

좋은 시민이 되고 싶어 03

성평등한 세상을 만들고 싶어

초판 1쇄 발행 2024년 8월 10일

지은이 강은정

기획편집 도은주, 류정화
마케팅 이수정
그린이 김형준

펴낸이 윤주용
펴낸곳 초록비책공방

출판등록 제2013-000130
주소 서울시 마포구 동교로27길 53 지남빌딩 308호
전화 0505-566-5522   팩스 02-6008-1777

메일 greenrainbooks@naver.com
인스타 @greenrainbooks @greenrain_1318
블로그 http://blog.naver.com/greenrainbooks

ISBN 979-11-93296-47-9 (03330)

어려운 것은 쉽게 쉬운 것은 깊게 깊은 것은 유쾌하게

초록비책공방은 여러분의 소중한 의견을 기다리고 있습니다.
원고 투고, 오탈자 제보, 제휴 제안은 greenrainbooks@naver.com으로 보내주세요.

성평등한 세상을 만들고 싶어

강은정 지음

초록비책공방

젠더의 시각으로 세상 들여다보기

우리는 '시민'의 눈으로 사회를 '다시' 들여다보고 있습니다. 그중에서도 이 책에서는 '젠더'라는 렌즈를 장착한 시민의 눈으로 우리 사회를 다시 들여다보려고 합니다. 젠더로 세상을 분석해 보면, 그동안 보이지 않던 여러 가지 새로운 문제들을 찾을 수 있습니다.

소위 'n번방'이라고 불리던 텔레그램 성 착취 사건 이후에도 온라인 세상에서 발생하는 성폭력과 성 착취는 날이 갈수록 심각한 상황입니다. 직장에서 일을 하거나 아르바이트 할 때도 여성들은 매일 같이 성희롱, 성추행 문제를 호소하고 있고, 외진 골목길이나 밤길에 주변과 뒤를 살피는 건 여전하죠. 최근에는 집에 가는 대낮의 엘리베이터에서도 잔뜩 움츠러들어야 하는 일이 밥 먹듯 일어나 뉴스를 보기가 무섭습니다.

이상하게도 똑같이 공부하고 자격증을 갖춰 취업한 회사의 월급도 남녀 성별에 따라 차이가 납니다. 심지어 같은 회사의 채용 면접을 본 남성과 여성의 점수를 비밀리에 조작하다가 발각되어 언론과 대중에게 뭇매를 맞는 회사들도 있었습니다. 남성의 점수를 더 높게 조작하여 채용에서 유리한 위치를 갖게 하는 방식이었죠. 국가나 도시의 법률은 대부분 남성에 의해 만들어지고, 여성 국회의원들은 여전히 의사결정에서 배제되는 일을 경험하거나 성희롱, 성추행을 당하기도 합니다.

가정 안에서뿐만 아니라 사회 전체에서도 약하고 어린 사람들, 다치고 아픈 사람들을 먹이고 돌보는 돌봄 노동은 여성의 책임으로 강요되고, 이러한 돌봄 역할을 제대로 수행하지 않는 것으로 보이는 여성들은 비난받기 일쑤입니다. 과거에 비해 많이 달라졌다고는 하지만 여전히 여성들은 임신, 출산으로 인해서 하던 일을 지속하지 못하고 그만두고 있습니다. 심각한 저출생 문제의 원인으로 지적당하고 비난받는 사람들 또한 국가의 미래를 걱정하지 않는 '이기적인 여성' 때문이라 지탄받지요.

한편 한국의 성형수술과 다이어트 시장은 세계 최고 수준입니다. 성형외과가 밀집해 있는 거리의 병원들은 새벽까지 수술실에 불이 켜져 있다고 해요. 우리가 어쩌다가 이렇게까지 우리의 몸과 얼굴을 사랑하지 않게 되었나, 왜 우리는 같은 몸매와 같은 얼굴형, 비슷한 눈매를 갖고 싶게 된 것일까를 생각해 보면 마음이 씁쓸해지죠.

이 모든 사실을 외면한 채로 '열심히 공부만 하면 밝고 아름답기만 한 미래가 기다리고 있다'고 말할 수는 없었습니다. 그래서 마음을 바꿔 먹었죠. 한 사회를 함께 애쓰며 살아가는 사회구성원으로서, 동료 시민으로서 제가 가진 고민을 여러분과 함께 터놓고 이야기하기로 말입니다. 여러분이 평소 젠더 이슈와 관련해서 궁금했던 이야기들, 고민되고 어려웠던 이야기들을 함께 나누려 합니다. 여러 이유로 여러분의 학교나 가정에서 쌓인 오해나 궁금증들을 함께 토론해 봅시다. 성평등한 사회로 한 발씩 나아가려면 '진짜' 문제들을 제대로 인식하는 일은 매우 중요합니다. 이를 바탕으로 균형 잡힌 토론과 제안을 통해 바꿔나갔으면 좋겠습니다.

차 례

1부

젠더,
넌 누구니

질문
있어요

Q1. 젠더? 페미니즘? 그게 뭔가요?

Q2. 지금은 남녀가 평등한 세상이 아닌가요?

Q3. 성별 때문에 받는 차별은 어떤 게 있나요?

한겨울 빨래터에서 꽁꽁 언 물을 깨고 손을 호호 불어가며 빨래하던 때가 있었는데 이제는 세탁기에 건조기까지 나오지 않냐고요? 로봇청소기가 알아서 집 안을 청소해 주고, 핸드폰으로 주문만 하면 뭐든지 집 앞으로 뚝딱 배송되는 편리한 사회에서 살고 있지 않냐고요? 옛날에는 여자가 고등학교 나오는 것도 힘들었던 때가 있는데 이제는 여자들이 대학에 더 많이 가는 세상 아니냐고요?

많은 사람이 과거에 비해 더 여성의 삶이 훨씬 수월해졌다고, 오히려 여성이 우월한 사회가 되었다고 공공연하게 말합니다. 반면 한쪽에서는 여성 인권과 성차별 문제에 대해 목청을 높이는 사람들이 여전히 존재하죠.

여러분은 어느 쪽의 의견에 동의하나요? 왜 같은 사회에 살고 있는 사람들이 같은 현상을 보고도 각자 다른 의견을 가지게 된 걸까요?

함께 사는 사회에 대한 논의의 시작, 공화와 다양성

젠더에 관한 논의를 시작하기 전에 우리가 쉽게 놓치고 있는 정말 중요한 개념 한 가지를 상기하려고 해요. 대한민국이 민주주의 국가라는 건 여러분 모두 알고 있을 겁니다. "여러분, 민주주의가 뭐죠?"라고 물어보면 대부분 '국가의 주권이 국민에게 있는 것', '다수결 원칙에 따라 국가의 중요한 방향을 결정하는 것' 등 모범 답안들이 술술 나오니까요.

그런데 헌법 제1조 1항 "대한민국은 민주공화국이다."를 소개하면서 '공화'의 뜻을 물어보면 갑자기 조용해지더라고요. 여러분은 어떤가요? '공화'가 어떤 뜻인지 알고 있나요?

한자어를 살펴보면 힌트를 얻을 수 있습니다. 공화共和의 공共자는 '함께하다'라는 의미이고요. 화和자는 '합하다, 합치다'라는 의미입니다. 이를 더해보면 공화의 의미는 '함께 힘을 합한다' 또는 '힘을 합쳐 화합한다'라는 뜻이 되겠죠. 국립국어원 표준국어대사전에서 검색해 보면 공화의 뜻은 '여러 사람이 공동으로 일을 함', '두 사람 이상이 공동 화합하여 정무政務를 시행하는 일'이라고 되어 있습니다.

영어도 살펴볼까요? 대한민국大韓民國을 영어로 표기하면 'Republic of Korea'인데요. 여기에서 'republic'이 바로 공화제를 의미합니다. 'public'은 '공공의, 국민, 대중, 일반인'이라는 뜻이 있고, 'republic'은 '공화국, 공화제'를 의미하죠. 이를 다시 말하면 우리가 살고 있는 대한민국은 '공공의 나라'라는 뜻이 됩니다.

다시 헌법 제1조 1항에 나와 있는 "대한민국은 민주공화국이다."로 돌아가 봅시다. 민주공화국은 '민주'라는 말과 '공화국'이라는 말이 합쳐진 일종의 복합어라고 할 수 있는데요. 여기서 '민주'는 우리나라의 정치체제가 민주주의를 표방한다는 것이고, '공화'는 주권의 주체가 국민에게 있다는 것을 의미합니다. 그러니 대한민국은 국민이 권력을 가지고 그 권력을 스스로 행사하는 제도인 민주주의에 따라 정치를 하고, 이때 대통령이나 정치인, 기업인 등 특정 몇몇 권력이 아니라 국민 전체의 힘을 합쳐서 모두에게 이익이 되는 방식, 즉 공공의 이익을 위해야 한다는 공화제 원칙을 함께 채택한 국가인 것이죠.

그런데 우리 사회는 그동안 '민주'만을 강조하다 그 뒤에 따라오는 '공화'라는 말의 의미나 중요성을 놓치게 된 것 같습니다. 아마 과거의 식민지 경험과 독재정권 하에서 고통받던 역사 때문에 '민주주의'를 더 많이 강조했던 것으로 생각합니다. 덕분에 민주주의의 기본 원칙인 인권, 자유권, 평등권, 다수결의 원리, 법치주의에 대한 논의와 발전이 많이 이루어진 것도 사실이지요. 그러나 함께 사는 사회에 대한 논의, 즉 함께 힘을 합치는 방법, 다른 사람의 의견에 귀를 기울이고 비공격적 방식으로 말하는 방법, 공감하고 존중하는 방법, 모두의 이익을 동시에 고려하는 방식 등에 대한 고민과 실천은 부족했습니다. 여러분 한번 생각해 보세요. 집이나 학교, 어떤 단체에서 어떤 문제가 발생했을 때 무조건 다수결 원칙으로만 결정한다면 옳은 일일까요? 과연 다수의 의견이 언제나 옳기만 할까요? 소수의 의견은 우리에게 필요 없다고 확신할 수 있을까요? 개인의 자유와 평등에 관한 논의만으로 충분할까요? 우리 사회에 '공화'에 대한 제고와 보완이 필요하지 않을까요?

대한민국이 '정치 민주화'를 이루어 낸 것은 맞습니다. 적어도 국민이 선거를 통해 자신의 의지에 따라 국민의 대표를 선출할 수 있고 직접 정치, 즉 선거에 출마하여 의원이 될 자유도 가지고 있으니까요. 안양 지역에서 선거가 벌어질 때마다 저는 집에서 가까운 투표소에 가서 선거 참관 활동을 하곤 하는데요. 지역 곳곳에 거주하는 시민들이 정말 많이 줄을 이어 소중한 한 표를 행사하러 나오는 것을 보면 마음이 뭉클하고 뿌듯할 때가 많습니다. 그런데 한 번 더 생각해 보면 찜찜하고 고민이 될 때도 있어요. 줄지어 선 수많은 시민이 소중한 한 표를 과연 어디에 행사하는지를 생각해 보면 그렇습니다. 과연 나만의 이익이 아닌 '우리'의 이익, 우리 지역사회를 위한 공공성과 정의로움을 실현할 수 있는 방식으로 한 표를 행사하는 것일지 궁금합니다.

'공화'를 실현하려면 '정치 민주화'만으로는 부족합니다. '교육 민주화', '문화 민주화', '경제 민주화', '안전 민주화', '노동 민주화', '관계 민주화', '외모 민주화' 등의 다양한 분야에서 다채로운 민주주의와 공화에 대한 논의가 함께 이루어져야 가능합니다. 이 책에서는 저와 주로 '젠더 민주화'에 대한 논의를 해볼 것입니다. 이 또한 위에서 언급한 다양한 분야의 논의와 함께 복합적, 종합적으로 이루어져야 하겠습니다.

민주와 공화를 실현할 유일한 방법, 다양성

민주주의Democracy의 어원은 고대 그리스어 데모스Demos(민중, 시민, 다수)와 크라티아Kratia(권력, 지배)의 합성어인 데모크라티아democratia에서 유래합니다. 신을 중심으로 사고했던 시대에서 벗어나 근대적 시민사회가 등장하면서 새롭게 만들어진 제도이죠. 그런데 정작 민주주의의 시초인 고대 그리스의 민주주의는 제대로 된 민주주의라고 볼 수 없어요. 매우 한정된 '시민들'에게만 참정권을 인정했으니까요. 예컨대 여성이나 노예는 시민으로 인정되지 못했고, 같은 그리스인이어도 다른 지역에서 이주해 온 사람에게는 시민권이 인정되지 않았습니다. 일정 이상의 재산을 소유한 남성에게만 직접 정치에 참여할 권리를 부여함으로써 그들이 가지고 있는 권력을 유지할 수 있는, 일종의 '계급' 정치였던 셈이죠.

고대와 비교하면 오늘날 민주주의는 눈부신 발전을 거듭해 왔습니다. 적어도 법적으로는 노예제가 폐지되었고 여성도 참정권을 갖게 되었으니까요. 그렇지만 투표권을 갖게 되었다고 해서 오늘날 모든 사람이 정말 평등하다고 할 수 있을까요? 투표할 자유만이 우리의 근본적인 목표일까요?

인간의 존엄성을 기반으로 한 '인권'과 자유와 평등을 기반으로 한 '다수결 원칙'이 매우 중요시되는 민주주의 논의에서 그동안 소홀히 다뤄진 것이 있습니다. 바로 '함께 사는 사회'에 대한 감각, 앞에서 다루었던 '공화'의 개념이 바로 그것입니다.

인간의 존엄성과 인권은 혼자 사는 사회라면 필요 없습니다. 인간은 가족, 친구, 학교, 일터, 지역사회, 종교, 국가 등 크고 작은 집단을 이루어 함께 살아가고 있어요. 그래서 인간을 사회적 동물이라고도 하잖아요? 그런데 모든 개인이 자신의 인권과 존엄, 자신만의 자유와 평등을 위해 다수결대로 하자고 하면 올바른 민주주의를 실현할 수도, 성숙한 사회로 나아갈 수도 없습니다. 결국 다시 고대 그리스처럼 일부 몇 명만을 위한 민주주의로 퇴행하게 될 겁니다.

그렇다면, 어떻게 하면 당장 눈앞에 내가 감수해야 하는 손해나 서운함을 뒤로 하고 '공화'에 대한 감각을 키울 수 있을까요? 어떻게 하면 민중Demos의 힘을 기반으로 한다는 민주주의를 제대로 발현시킬 수 있을까요? 방법이 없지는 않습니다! 최근 '문화 다양성', '다양성'에 관한 논의가 활발한 이유가 바로 이러한 맥락입니다.

다양성은 바로 이 '민주'와 '공화'를 실현하기 위해 오늘날 꼭 필요한 가치이자 방법이라고 할 수 있습니다. 좀 더 풀어서 말하자면, 다양한 사회구성원들의 생각과 경험에서 비롯된 차이들을 사회의 가치관과 문화, 판단 기준, 제도·정책에 반영하는 것으로 생각하면 되겠습니다.

옆의 그림에서 큰 원은 우리 사회라고 가정하고, A라는 사람이 있다고 해 봅시다. A의 시각과 관점으로만 사회를 바라보면 사회를 제대로 이해할 수 없고 자기 경험과 생각으로만 매우 편협하게 부분

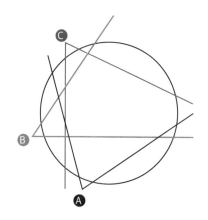

적으로 사회를 이해하게 됩니다. 아무리 노력해도 자기 자리에서는 보이지 않는 사각지대가 발생하는 거죠. 그런데 바로 옆 B라는 사람의 자리로 옮겨서 똑같은 사회를 바라보면 같은 사회인데도 원래 자기 자리 A에서는 보이지 않던 부분을 볼 수 있게 되고 인식할 수 있습니다. B에서 또다시 한 발짝 움직여 C의 자리로 옮기면 어떻게 될까요? 네, 사회의 더욱더 많은 부분을 인식할 수 있게 되겠지요. 처음 A 자리에서는 다 보이지 않던 사회가 다른 사람의 자리에서 그 사람의 눈으로 보니 조금 더 보이기 시작하는 겁니다. 바로 이것이 '다양성'입니다.

내 자리에서는 보이지 않던 사회의 문제와 원인을 알 수 있게 해주는 다양성이라는 열쇠를 가지면 민주와 공화를 동

시에 실현할 수 있습니다. 예컨대 비청소년의 시각으로 보면 보이지 않던 청소년들의 문제를 청소년들의 관점에서 보고 듣고 경험해 보면 알 수 있죠. 비장애인의 시각으로 보면 보이지 않던 불편함과 필요들도 장애인의 경험을 듣고 보면 알 수 있게 됩니다. 남성의 시각으로 보면 보이지 않던 사회문제도 여성의 경험을 듣고 생각해 보면 뭐가 문제인지 비로소 알게 되고요. 그 반대도 마찬가지일 겁니다.

이 외에도 노인, 이주민, 성소수자, 노동자, 아시아인, 학교 밖 청소년 등의 이야기가 존재하고, 한 발 더 들어가면 '노인' 안에서도 성별, 빈부, 인종, 성적 정체성, 장애, 직업, 출신 지역, 학력 등의 요인이 매우 복합적으로 작동하기 때문에 그 사람만의 복잡하고 특수한 생각과 관점이 구성됩니다. '여성'이라고 해서 모두 같은 생각을 하지 않고, '남성' 또한 마찬가지입니다. 더 많은 사람의 생각과 목소리가 들리고 고려되고 반영되는 사회가 바로 '민주공화국'입니다.

수많은 관점 중에 이 책에서는 저와 '젠더' 문제에 집중해서 우리 사회를 들여다볼 것입니다. 그동안 생각하지 못했던 이야기도 듣게 될 것이고요. 잘 몰랐던 우리 사회를 알게도 될 겁니다. 때로는 내 생각과 다른 이야기라고 생각될 수도 있고 궁금한 부분이 생길 수도 있겠죠. 지체 말고 함께 토론하고 찾아보고 고민해 봅시다!

'젠더'가 뭔가요?

여러분은 '젠더gender'라는 말을 언제 어디에서 들어봤나요? 처음 듣는 분도 있고, 들어보긴 했는데 어디서 들었는지 기억이 안 날 수도 있고, 또는 매우 친숙한 분도 있을 수 있습니다.

바로 앞에서 다룬 사회를 보는 여러 가지 위치와 관점의 차이 기억나나요? '청소년/비청소년, 장애/비장애, 노인/젊은이, 이주민/선주민, 노동자/고용인' 등의 단어들은 여러분도 익숙하고 잘 알고 있는 단어일 텐데요. 유독 '젠더'라는 단어는 그 의미를 명확히 말하기가 좀 어렵습니다. 청소년들뿐만 아니라 비청소년들에게 질문해도 역시 비슷한데요. 왜 그럴까요?

어쩌면 그 이유는 우리 말이 아니기 때문입니다. 어떤 개

넘을 모국어로 이해하는 것과 외국어로 이해하고 접하는 것은 완전히 다릅니다. 우리말로 gender를 번역하면 '성'인데요. 우리말로 '성'은 생물학적 성별과 사회문화적 성, 성적 욕망까지를 포괄하는 매우 큰 의미라서 명확히 정리하기가 어려운 개념인 거죠. 또 유독 '젠더'라는 말을 둘러싼 우리 사회의 역사적, 사회·문화적, 종교적, 정치적 논란과 오해들이 켜켜이 쌓여있어서 더 그런 것 같습니다.

제대로 이해해 보자, 젠더

'젠더 갈등'이라는 말이 있습니다. 남녀가 서로 갈등한다는 뜻으로 사용하는데, 최근 몇 년 사이에 남녀 간, 특히 20대 청년 남성과 여성 간의 대립과 갈등이 매우 심각해진 현상을 지적하거나 원인을 분석할 때, 또는 이를 해결할 정치적 대안을 모색하는 과정에서 언론이나 다큐, 토론회 등의 매체에서 많이 사용되고 있습니다. 이때 젠더는 어떤 의미로 사용되나요? 네, 특정 연령층의 남녀 양쪽 성별을 의미하게 됩니다.

한편 다른 쪽에서는 '젠더'를 양성, 즉 여성과 남성 이외의 다른 성소수자들을 모두 포함하는 포괄적 범주의 성별 개념으로 사용하기도 합니다. 특정 종교적 신념이나 가부장적 가치관을 지닌 개인이나 집단들이 '젠더는 성소수자를 인정하는 개념이라고' 여기기 때문에 성소수자의 존재를 인정하지 않는 이들은 '젠더' 개념 자체를 비난하고 공격합니다. 간혹 몇몇 종교시설들 앞에 걸린 현수막에 "양성평등 YES! 성평등 NO!"라고 쓰인 것은 이러한 맥락에서 이해할 수 있습니다. 양성 외의 다른 성性을 고려할 수 있는 느낌을 주므로 '성평등'은 사용하면 안 된다고 주장하는 것이죠.

제가 활동하는 안양시에서는 수년째 교육청이나 청소년 유관기관, 문화예술 유관기관들과 지역 시민단체들이 네트워크를 통해 초·중·고등학교나 시민들을 대상으로 민주시민교육이나 문화 다양성 교육을 진행하고 있습니다. 장애, 이주민, 시민권, 환경, 평화, 통일, 다양성 등 6~7개 정도의 주제를 다루는데 이러한 교육사업에서 빠지지 않는 주제가 바로 '젠더'입니다. 이때 젠더 수업에서 주로 다루는 내용이 우리 사회의 성차별에 관한 논의입니다. 이러한 수업에서는 구체적으로 무엇을 성차별이라고 하는지, 성차별의 원인과 발생 구조는 무엇인지, 이를 해결하려 과거에는 어떤 실천들을 해왔고 앞으로는 어떠한 과제들이 있는지, 오늘날 우리가 성차별 문제를 해소하기 위해 할 수 있는 일상의 실천은 어떤 것들이 있는지 등을 다루게 되죠.

그런데 학교에 젠더 교육을 나가기 전 해당 학교의 담당자로부터 별도의 요청을 받게 되는 경우가 더러 있습니다.

"젠더 시간에 성소수자, 동성애 이야기는 빼 주세요."

"학급에서 젠더 갈등을 부추길 얘기들은 조심히 해주세요."

"시민교육에서 젠더는 아예 빼고 하면 안 될까요? 보호자들 민원 때문에요."

젠더를 어떻게 이해하면 이런 말들이 나올 수 있는 걸까요? 젠더 입장에서도 참 억울하고 어리둥절할 것 같습니다. 이렇게 젠더는 사용하는 사람들에 의해 오해받고, 비난받고 원래 그 쓰임에 맞지 않게 함부로 사용해 왔습니다. 그래서 이제는 젠더가 뭐냐고 물으면 누구든 명쾌하게 답하지 못하거나 매우 일부분의 이야기를 전체인양하게 되거나 완전히 잘못된 답을 하게 되는 것이죠. 젠더의 본래 의미와 유용함을 알게 되면 위와 같은 오류를 범하지 않을 수 있습니다.

젠더는 누가 왜 만들었나요?

그 어느 때보다 '젠더'라는 말이 많이 사용되고 더 이상 낯설지 않은 말이 되었지만 정확한 개념이나 역사성, 필요성에

대한 논의는 그 어느 때보다 부족한 상황입니다. 그래서 오해도 미움도 많이 받고 있지요. 젠더의 진짜 의미를 논의하는 것만으로도 불필요한 논쟁과 싸움을 막을 수 있을 거로 생각합니다.

'젠더'는 원래 언어학에서 문법적으로 성을 구분하는 것 외에는 다른 뜻이 없는 죽은 단어였습니다. 스페인어, 프랑스어, 독일어, 러시아어 등 대부분 유럽 국가의 언어 체계에는 남성명사, 여성명사, 중성명사로 언어의 성별이 존재하거든요. 여기서 우리가 주목해야 할 것은 여성명사와 남성명사를 분류하는 대략의 기준에 관한 것인데요. 명사의 의미가 수동적인 것은 대개 여성형 명사이고, 능동적인 것은 남성형 명사로 나뉜다는 겁니다. 예컨대 움직이지 않고 무언가를 담거나 보관하는 것을 목적으로 하는 물건들(항아리, 배, 칼집, 권총집)은 여성명사이고, 반대로 무언가를 찌르거나 때리거나 부수는 도구, 자르거나 쪼개는 장비, 공격하는 무기를 지칭하는 단어들은 남성형 명사인 경우가 많습니다. 그리고 이와 같은 단어의 문법적 성별을 분류하는 말이 '젠더'였습니다.

그러다가 1960~1970년대 페미니스트들에 의해 지금의 젠더 개념이 재정립되었는데요. 성차별●의 원인이 남성과 여성이 생물학적으로 다르기 때문이 아니라 사회문화적인 관습과 관행, 그리고 오랜 시간 동안 교육받고 사회화되어

온 결과라는 것을 주장하기 위해 페미니스트들이 고안하고 도입한 '분석의 도구'(또는 '렌즈', '관점')이 바로 젠더라는 것입니다. 그래서 흔히 섹스sex는 생물학적인 성별로, 젠더gender는 사회문화적으로 형성되어 온 사회적 성별로 개념을 정리합니다.

그러니까 다시 말하면, 성차별이라는 사회적이고 역사적인 문제가 기본적으로 남성과 여성이 생물학적으로 다른 몸을 갖고 있기 때문에 생긴다고 분석하는 것인지, 아니면 생물학적 차이 때문이 아니라 오랜 시간 당연하게 받아들여져 왔던 사회가 사실은 잘못되었거나 잘못 가르쳐 왔기 때문에 생겼다고 보는 것인지에 따라, 성차별 원인을 분석하고자 하는 도구로서 섹스와 젠더를 고안했다는 것이죠. 누가? 페미니스트들이요.

그리고 섹스라는 개념은 젠더보다 수천 년이나 오래된 개념이고, 젠더는 고작 1960~1970년대에 만들어진 개념입니다. 섹스라는 개념을 통해 성적 차이와 성차별을 해소하지 못하고 오히려 더 차별적으로 만드는 문제를 해결하고자 만든 개념이 젠더죠. 그러나 이 정도의 설명만으로는 젠더를 이해

- **성차별** 성의 차이를 이유로 특정 성이 다른 성을 동등하게 여기지 않거나 정치·경제·사회·문화 등의 전반적 영역에서 공정하지 않게 대우하는 것을 의미합니다.

하기에 여전히 부족한 면이 있을 겁니다.

우리는 왜 젠더를 알아야 하나요?

젠더는 오늘날 오해받는 것처럼 단순히 남성과 여성, 양성을 의미하는 말이 아니고, '양성'과 대비되어 성소수자나 동성애를 포함하는 성별 범주의 개념만도 아닙니다. 젠더는 특정 계층 간, 또는 성별 간의 갈등을 불러일으키거나 민원을 유발할 수도 있는 위험한 개념이 아니라 오히려 사회문제, 그중에서도 특히 성별 때문에 발생하는 성차별을 근본적으로 해결하기 위해 도입된 페미니즘 분석의 도구입니다. 성차별과 가부장적 문화 구조에 반대하고 이를 해결하려는 페미니스트들에 의해서 창조된 개념이 바로 '젠더'인 거죠.

저는 초등학생에서부터 성인까지 젠더에 관한 교육 현장에서 젠더를 '성차별을 분석하는 렌즈'라고 소개합니다. 그러고 나서 이 렌즈가 왜 필요했는지 역사적 맥락을 소개하면 조금 더 젠더를 수월하게 받아들이더라고요. 저는 우리가 오랜 시간 성차별에 반대하여 싸워온 페미니즘의 유산을 상속받은 후세대로서 더 정확하고 올바르게 '젠더'를 사용할 필요와 의무가 있다는 사실을 강조합니다. 제대로 알고 사용해야 그다음 논의가 가능하지 않겠어요?

자, 이제 이렇게 결론지을 수 있겠네요. 페미니스트라서, 여성의 권리만을 보호하기 위해서 젠더를 이야기하는 것이 아니라 헌법에 명시되어 있는 대한민국의 제1가치, '민주공화국'에 살고 있는 시민이기 때문에 우리는 젠더와 성차별에 관해 이야기해야 하는 것이라고요.

성소수자에 대해

'젠더'는 못 들어봤지만 '트랜스젠더'는 들어봤다고요? 사실 트랜스젠더는 성전환수술을 한 사람을 가리키는 말이 아니라 다양한 성별 정체성 중 하나입니다.

'레즈비언(여성 동성애자), 게이(남성 동성애자), 바이섹슈얼(양성애자), 트랜스젠더(태어날 때 정해진 성별과 스스로 생각하는 성별이 불일치하는 사람)'의 영어 첫 글자를 따서 LGBT라 부르는데요. 이 외에도 타인에게 성적으로 끌리지 않는 '무성애자', 좋아하는 사람이나 나의 성별을 정하지 않고 열어두는 '퀘스쳐너리', 선천적으로 신체적 특징이 남녀로 구분되지 않는 '인터섹스', 여성도 남성도 아닌 '논바이너리' 등의 정체성이 있습니다.

성소수자는 어디에나 있습니다. 전 세계적으로 인구의 5~8% 정도(13~20명 중 1명)로 보고되어 있고, 국내 청소년 100명 중 6명은 성별 정체성이나 성적 지향을 고민하거나 이미 성소수자로 확립된 상태라고 합니다.[1]

한국에서는 아직 성소수자에 대한 혐오·폭력·차별이 공공연하게 일어나기 때문에 스스로 성소수자라는 것을 잘 밝히지 않습니다. 이에 반해 관련 논의를 훨씬 더 이르게 시작한 국외에서는 성소수자의 존재를 인정하는 방향으로 인식이 많이 변화했습니다. 우리도 조금 느리지만 성소수자를 지지하고 연대하는 사람이 점점 늘고 있습니다. 언젠가 나 또는 내 친구가 성별 정체성을 고민할 수도 있을 겁니다. 그럴 때 당황하지 말고 "띵동"을 기억해 주세요. 관련된 자료나 정보, 상담까지 한 번에 모두 가능한 청소년 성소수자 지원센터입니다. (띵동 ddingdong.kr)

젠더 감수성이
우리에게 유용한 이유

"나는 감수성이 풍부해서 슬픈 드라마를 보면 금방 눈물
이 난다."

이 문장을 한 번 볼까요? 여기서 '감수성'이라는 명사의 사
전적 의미는 '외부 세계의 자극을 받아들이고 느끼는 성질'
을 뜻하는데요. '감각, 예민함, 느낌, 감성'과 같은 말로도 바
꿔 쓸 수 있습니다. 감수성, 감각, 예민함이 풍부해서 다른 사
람보다 눈물도 쉽게 흘리고 불쾌한 감정이 자주 올라올 수
있으니까요. 다른 사람은 발견하지 못하는 문제가 내 눈에는
더 잘 보이기도 하고, 곤란하거나 어려운 일을 겪는 다른 사
람의 입장이 더 잘 이해되고 공감하기도 하는 이것을 우리는

'감수성'이라고 합니다. 이미 우리는 '인권 감수성', '문화 감수성', '다문화 감수성', '생태 감수성'과 같은 복합어 형태로 해당 분야에서 차별이나 문화 구조적 문제들을 발견하는 감각으로 '감수성'을 많이 사용하고 있습니다.

여기에 젠더를 더해보면 어떤 의미가 될까요? 젠더가 '성차별을 분석하는 렌즈'라고 했으니, 여기에 감수성을 더하여 '젠더 감수성'을 직역하면 '성차별 분석 렌즈 감각'이 되겠지요? 다시 말하면 성차별을 분석하는 렌즈를 작동시키는 감각, 성차별을 느끼는 예민함이라고 이해하면 되겠습니다.

이를 한자어로 바꿔 보면 '성 인지 감수성'이라고 하는데요, 우리와 연결된 직간접적 상황이나 언론, 매체 등의 콘텐츠에서 성차별적 요소를 발견하고 분석하는 감각이나 능력이라고 기억하면 되겠습니다. 즉 젠더 감수성이 높으면 어떤 차별이 성별에 기반하여 발생하고 있는 것인지를 빠르고 예민하게 잘 발견할 수 있습니다. 반면 같은 상황에서도 젠더 감수성이 낮으면 성별에 기반한 차별이나 폭력이 발생하더라도 무엇 때문에 발생하는 문제인지를 잘 알아차리지 못할 수 있습니다. 또 자신이 누군가를 성차별적으로 대하거나 스스로 성차별을 당하는데도 원인을 모르면 문제를 문제라고 말하거나 인식하지 못하겠지요. 그렇게 되면 결국 문제의 해결도 어렵습니다.

성별 때문에 생기는 차별을 예민하게 알아차리기

젠더 감수성을 잘 훈련하고 연습해서 완전히 내 감각으로 만들면 유용한 점이 참 많습니다. 남성과 여성뿐만 아니라 모든 인류의 역사와 문화, 정치와 경제 영역에서 성별 때문에 통제, 억압, 차별, 소외, 착취되는 문제를 잘 발견하고 인지할 수 있게 되거든요. 또 역사적으로 뿌리 깊은 차별을 받아왔던 여성들, 특히 개인 간의 문제를 넘어서는 구조적 성차별 문제나 다양한 사회적 소수자들의 입장을 잘 분석할 수 있게 됩니다. 이는 차별받아 봤기 때문에 차별받는 사람들을 더 잘 이해할 수 있기 때문인 듯해요. 그래서 때로는 예민하고 까탈스럽다는 핀잔을 듣기도 합니다. 그렇지만 우리가 숨 쉬고 있

는 바로 오늘날까지의 인류 역사는 이렇게 예민하고 유난스
러운 사람들이 바꿔왔습니다. 지금 이 순간에도요.

　제가 일하고 있는 안양나눔여성회와 안양문화예술재단이
2021년에 함께 진행한 '안양시, 젠더 감수성으로 도시 읽기'
사업을 여러분께 소개해 드릴까 합니다. 1,200명가량 안양
시민들의 지역사회 생활환경 및 여건에 대한 인식과 요구를
온라인 설문조사로 파악하여 관련 분야 전문가들과 함께 토
크쇼 형태의 대화 토론을 진행한 사업인데요. 40여 일간 진
행된 온라인 설문을 통해 응답한 안양 시민의 의견을 취합하
면서 놀라운 사실을 알게 되었습니다.

안양 시민들이 응답한 차별과 혐오의 대상

순위(%)	대상	성별 응답 순위
1위(16.4%)	페미니스트	남성 1위
2위(15.7%)	여성	여성 1위
3위(15.6%)	북한 이탈주민	
4위(14.7%)	아동·청소년	

　'과거 1년 동안 나와 내 주변에서 차별과 혐오의 대상은 누
구였나?'라는 질문에 시민들은 위 표와 같이 답했습니다. 남
성은 '페미니스트(18.1%)'를, 여성은 '여성(17.8%)'이라고 응답
한 비율이 가장 높았지요. 2021년 당시 극단으로 치닫던 '성

별 간 대립'이나 '여성 혐오', '페미니스트 혐오' 양상이 지역 사회에도 동일하게 나타났다는 신호로 볼 수 있습니다. 이뿐만 아니라 안양 시민들은 '북한 이탈주민'과 '아동·청소년'에 대한 혐오와 차별 또한 일상적으로 발생하고 있음을 지적해 주었는데요. 언론이나 SNS에서나 접하는 일이라고 생각했던 여성 혐오나 사회적 약자에 대한 혐오를 지역에서도 직간접적으로 겪고 있다는 시민들의 의견에 지역 여성들, 특히 저처럼 여성단체에서 일하는 활동가들은 무엇을 해야 하나 깊이 고민하는 계기가 되었어요.

이렇게 젠더 감수성으로 읽어야 명확히 보이는 우리 사회의 크고 작은 차별과 혐오, 갈등의 문제들이 아직 많이 존재합니다. 이러한 사회 갈등을 해결하려면 '작은 만남'들을 통한 소통과 협의, 숙의 과정이 많이 필요한데요. 사실 우리 사회가 부족한 것이 바로 이런 점이기도 합니다. 만나서 얼굴을 맞대고 비폭력적 방식으로 대화만 할 수 있어도 서로의 입장을 듣고 숙고할 수 있을 텐데, 나와 의견이 다르다고 생각하면 화를 내고 쉽게 등을 돌려 버리죠.

그리고 이러한 현상은 젠더 문제에 관해서는 더욱 심각하게 드러납니다. 구조적·문화적 성차별 문제를 단순히 성별 간의 대립이나 이미 다 해결된 과거의 문제로 치부해 버리고, 성차별 문제에 관해 눈을 감거나 귀를 막고 화를 내는 일들이 더욱 빈번하게 일어나고 있습니다. 심지어 더 이상 성차별은 없는데도 여성 인권을 주장한다면서 '여성우월주의'나 '역차별' 논쟁에 시달리기도 하지요.

그러나 지금까지 설명했듯, 우리가 살고 있는 세상을 더욱 폭넓게, 제대로 바라보고 서로 반목이 아니라 소통하고 해결해 나가기 위해 젠더 감수성은 꼭 필요한 민주시민의 능력이자 감각, 태도이자 실천입니다.●

● 대부분의 사회운동/시민사회실천들은 그 중심에 '다양한 차별의 종식'이라고 하는 기본 정신이 깔려 있습니다. 예를 들면 장애인 운동, 이주민 운동, 다양성 운동, 환경 운동, 청소년 운동, 성소수자 운동 등이 모두 그러합니다. 특히 최근의 환경 운동은 인류가 오랜 시간 동안 착취의 대상으로 여겨왔던 자연과 기후에 대해 성찰하고, 인간 중심적 자원 개발, 경제성장 논리에 대해 저항하려는 실천으로 인간의 자연을 대상으로 한 차별에 대한 문제 제기라고 볼 수 있습니다.

페미니즘이 뭔데요?

앞서 젠더 개념을 설명하면서 잠시 '페미니즘', '페미니스트'를 언급했습니다. 그래서 말이 나온 김에 여러분께 한 가지 더 살펴보고 우리의 논의를 이어가려고 해요.

페미니즘의 역사와 의미

페미니즘이나 페미니스트에 대해 들어보셨나요? 들어보셨다면 어디에서 어떤 맥락으로 누구를 통해 접했는지 궁금합니다. 오늘날 '젠더'만큼이나 오해를 많이 받는 이들이 바로 페미니스트이거든요.

페미니즘Feminism은 여성女性이라는 뜻의 라틴어 Femina에서 유래한 말입니다. 말 그대로 여성주의女性主義를 의미하죠. '여성'이라는 말이 들어가기 때문에 여성의 권리에만 집중한다는 오해를 많이 받기도 합니다. 심지어는 '여성 우월주의' 또는 '여성 숭배주의'라는 당치도 않은 소리를 듣기도 하죠. 물론 페미니즘의 시작은 남성과 동등한 시민의 위치에 설 수 없었던 여성의 자리, 즉 사회적 약자의 위치에서 시작된 것이 맞습니다.

그러나 페미니즘은 특정 성별을 적대시하거나 더 우월해지기 위해 싸우려는 것이 아니라 힘없는 누군가를 억압하고 착취해 왔던 오랜 인류의 역사에 대항하여 문제를 제기하고 함께 바꿔나가고자 하는 가치이자 실천입니다. 약자의 입장과 상황을 매우 잘 알기 때문에 페미니스트들은 여성 외에도 사회에서 배제되고 소외되는 사람들의 권리 회복을 위해 연대하는 일이 잦습니다. 장애인 인권 운동, 성소수자 인권 운동, 이주노동자 인권 운동, 청소년 인권 운동, 환경 운동 등 사회의 다양한 현장에는 늘 페미니스트들이 함께하고 있지요.

저는 이러한 페미니즘에 제 인생을 건 활동가, 페미니스트이고, 지역사회 성차별 해소를 위해 다양한 운동과 실천들을 전개합니다. 누군가를 짓밟고 올라서려거나 무턱대고 싸우려거나 더 많이 갖기 위해 시간을 쏟는 일이었다면 저는 처음부터 발을 들이지 않았을 겁니다.

40여 권에 달하는 저서와 논문을 낸 미국의 작가이자 페미니스트로 유명한 벨 훅스Bell hooks, 1952~2021는 "페미니즘은 성차별주의를 종식하기 위한 운동과 실천, 그리고 사상이다."라고 단 한 마디로 정의했는데요, 저는 이 정의를 참 좋아합니다. 왜냐하면 우리의 다음 논의를 확장해 가는 데 있어서 기본적인 안전망과 전제를 아주 잘 닦아주기 때문이에요. 특히 페미니즘의 사회 운동적social movement 측면과 실천적action, practice 측면, 사상적idea 측면이라는 종합적 성격을 잘 지적해주어서 매우 적절한 정의라고 생각합니다.

페미니즘은 거시적 차원에서 사회 전체의 변화를 꾀하는 시민단체들의 운동과 연대, 그리고 보다 미시적이고 개인 차원에서 이루어지는 일상의 모든 문화와 관습들에 대항하고 저항하는 개인 시민의 고민과 실천, 또 연구자와 학자들에 의해 끊임없이 재구성되는 페미니즘 철학사상과 학문을 모두 포괄하는 범주입니다. 그리고 이 운동과 실천, 연구와 사상은 서로 영향을 주고받으면서 오늘날까지 다양하게 전개되고 심화해 왔지요. 중요한 것은 페미니즘의 궁극적 목적은 '성차별주의 종식'에 있다는 사실입니다. 우리 사회의 성차별을 종식하기 위해서 시작된 운동, 실천, 사상이 바로 페미니즘입니다.

페미니즘'들'

그런데 이 '성차별주의'라는 게 간단하지 않습니다. 약 5,000년이 넘는 인류의 시간 동안 견고하게 쌓인 언어와 관습, 법과 제도, 구조와 문화 전체에 "왜?"라고 질문해야 하기 때문이죠. 이는 정말 복잡하고 때로는 어렵기도 한 일입니다. 그래서 페미니즘도 성차별주의의 원인을 다양하게 분석하여 무엇을 원인으로 꼽는가, 어떤 해결 방법을 제시하는가에 따라 여러 가지로 구분됩니다. 십자가에 못 박힌 예수님으로부터 시작한 기독교도 2,000년이 넘는 역사 속에서 다양한 교단과 교파로 갈라졌지만 '기독교'라고 포괄적으로 불리죠? 비슷한 경우라고 생각하면 되겠습니다.

페미니즘은 성차별의 원인과 이를 해결하는 방법에 따라 여러 갈래로 나눌 수 있습니다. 성차별의 원인이 가부장제라고 생각하는 페미니즘도 있고, 자본주의라고 분석하는 페미니즘도 있고, 국가주의가 원인이라고 분석하는 페미니즘도 있습니다. 이들은 서로 영향을 주고받으며 결합하기도 하고 변형되기도 합니다. 페미니즘의 종류나 분파는 얼마든지 더 열거할 수 있지만, 무엇이 되었든 성차별적 사회에 반대하고 이를 변화시키고자 노력한다는 데는 여지가 없습니다. 이렇게 페미니즘 자체가 한 가지 모습을 하는 것이 아니라는 맥락에서 복수형인 **페미니즘'들'**'Feminism's' 라고 칭해야 더 적절한 표현이 아닐까 싶습니다.

페미니즘은 이렇게 매우 다양하고 시대와 맥락에 따라 새롭게 생겨나기도, 흡수·통합되기도 하면서 거대한 흐름을 만들어 왔습니다. 페미니즘들은 서로 비슷한 주장을 하기도 하고, 완전히 반대의 주장을 하기도 하면서 서로 영향을 주고받았고, 실제로 눈부신 운동의 성과를 내면서 오늘에 이르렀습니다. 페미니즘은 2000년대 들어선 어느 날 갑자기 하늘에서 뚝 떨어진 낯설고 무서운 여성들에 의한 '여성 우월주의'가 아닙니다. 적어도 프랑스 시민혁명 이후, 즉 함께 싸웠으나 '시민'으로 인정받지 못했던 여성들이 자기 삶의 위치를 구체적으로 자각하고 연구와 실천들을 시작했던 19세기 말부터 오랜 역사 속에서 성차별 문제를 해결하기 위해 꾸준히 노력해 왔던 운동·실천·사상이라는 사실을 잊으면 안 됩니다. 그리고 오늘날의 우리는 약 200년간의 페미니즘이 피땀 흘려 일군 결실을 대가 없이 누리고 있다는 사실도요. 여성의 시민권도, 참정권도, 교육권도, 노동권도, 안전도 뭐 하나 거저 주어진 것이 없습니다. 하나 하나 페미니즘 운동을 통해 싸워서 쟁취한 것들입니다.

안티 페미니즘

이렇게 다양하고 복잡한 역사적 맥락을 가지고 있는데도 페미니즘을 마치 하나인 것으로 착각하는 사람들이 있습니다. 한 가지 단편적인 모습만 보거나 말 한마디를 꼬투리 잡아 페미니즘 전체를 싸잡아 공격하기도 합니다.

그런데요. 설사 자신과 생각이 다르다고 하더라도 누군가를 공격할 권리는 누구에게도 없지 않나요? 이들은 대체 왜 그러는 걸까요?

최근 몇 년 사이에 이러한 소위 '안티Anti 페미니즘'이 기승입니다. 몇 년 전 경기도 전체에 남자 청소년과 청년들을 중심으로 단체대화방이 개설되어 인원이 늘고 있다는 이야기를 듣고 수소문한 적이 있습니다. 그 대화방은 주로 페미니즘 논의를 왜곡하고 페미니스트들과 소위 '이대녀'라고 불리는 20대 여성에 대해 혐오적·차별적·비하적 발언들이 무척 심각한 상황이었습니다. '여성가족부 폐지 찬성에 대한 근거'를 마구잡이로 퍼뜨리는 통로로 활용되기도 했죠. 페미니즘을 제대로 알지 못하고 언론이나 유튜브 개인 방송 등에서 근거 없이 나오는 콘텐츠를 비판적으로 읽지 못했기 때문에 일어난 사태였습니다.

이러한 영향 때문인지 사람들은 스스로 자신을 페미니스트라고 밝히는 것에 관해 부담을 갖기도 하고, 괜한 분란을 일으킬지 두려워 죄인처럼 숨기도 했습니다. 오죽하면 SNS에서 "#나는페미니스트입니다"라는 해시태그 운동[2]이 벌어졌을까요? 이 해시태그 실천은 페미니즘에 씌워진 부정적 의미를 걷어내고 스스로 페미니스트임을 떳떳하게 선언하기 위해 트위터를 중심으로 확산했던 온라인 캠페인인데요. 실제로 이 캠페인 이후 각 대학의 페미니즘·여성학 관련 수강자가 증가하고, 페미니즘 이슈와 관련된 각종 집회·시위와 책 출간 등의 페미니즘 운동이 활발해졌다고 합니다.

그런데 좀 더 깊이 생각해 봅시다. 장애인 인권이나 이주민의 처우를 위해 활동하는 활동가들도 '안티'에 시달릴까요? 왜 유독 페미니스트에게만 이런 일이 벌어질까요? 페미니스트는 도대체 어떤 사람들이길래 이렇게 쉬쉬 숨어야 하는 걸까요?

페미니스트는 어떤 사람들인가요?

우리는 이 책을 통해 다양한 사회 문제 중에서 성차별 문제에 대해 집중해서 다루기로 했지요? 이를 위해 페미니스트들이 고안해 낸 젠더라는 분석 관점 렌즈가 필요하다는 점도 잘 이해했을 겁니다. 그렇다면 누가 페미니스트일까요? 뉴스나 인터넷에 나오는 페미니스트들은 종종 과격해 보이지 않았나요? 일상에서 페미니스트를 만나본 적은 있나요? 페미니스트들은 어떤 사람들일까요?

앞서 소개한 벨 훅스의 정의에 따르면 '성차별주의에 반대하는 사람'이라면 남녀노소 누구나 페미니스트일 수 있지만, 그는 "페미니스트는 태어나는 것이 아니라 만들어진다. 여자로 태어났다고 해서 덮어놓고 페미니즘을 옹호하는 것은 아니다."[3]라고 했습니다. 즉 여성이라고 해서 모두가 페미니스트인 것이 아니고, 남성이라고 해서 페미니스트가 될 수 없는 것도 아니란 거죠. 우리 사회에 오래된 성차별 문제가 있다는 것을 인식하고, 이에 따르는 착취와 억압을 없애기 위해 노력하는 모든 이를 페미니스트라고 명명할 수 있겠습니다.

앞서 언급했듯 페미니즘 안에서도 생각과 관점의 차이가 다양하게 존재합니다. 그래서 같은 성차별적 현상을 두고도 그 원인과 분석을 달리한다고 말씀드렸어요. 마찬가지로 페미니스트들도 크게는 벨 훅스의 정의처럼 '성차별에 반대하는 모든 사람'이라고 볼 수 있지만, 더 깊이 들어가면 사상의 종류나 갈래에 따라 다양한 분파의 페미니스트들로 나뉩니다. 그러니까 우리가 페미니즘이라고 불러왔던 단어 안에 수많은 다양성이 존재한다는 거죠.

예컨대 계급 문제에 집중하는 페미니스트, 가부장제 문제에 집중하는 페미니스트, 법과 제도의 변화에 집중하는 페미니스트, 경제적 평등에 집중하는 페미니스트, 성적 해방에 집중하는 페미니스트, 성폭력 문제 해결에 집중하는 페미니스트, 환경과 기후 문제에 집중하는 페미니스트 등 페미니스트들은 성차별 종식을 위해 다양한 연구와 관심을 두고 각자의 현장에서 활동하고 있습니다. 연구자로, 교수로, 정치인으로, 교·강사로, 작가로, 엄마로, 활동가로, 상담가로 말이죠. 서로를 비판적 시각으로 분석하기도 하고, 힘을 모으기도 하고, 날카롭게 쓴 소리를 던지기도 하면서요.

여러분은 어떤가요? 당신은 페미니스트인가요? 벨 훅스의 페미니즘 정의에 동의하나요? 우선 '우리 사회에 여전히 해결되지 않은 성차별 문제가 있다'는 명제에 동의하는지부터 체크해 봐야겠네요. 만약 그렇다면 이를 해결하기 위해 어떤 변화가 필요하다고 생각하는지, 또 나는 그 변화를 위해 일상에서 무엇을 할 수 있는지 스스로 질문하고 찾아보고 고민해 봅시다. 뚜렷한 답이 없을 수도 있어요. 답이 있거나 쉬운 문제였다면 이미 해결되었겠죠? 변화는 여러분의 고민에서부터 시작됩니다.

단, 서로의 이야기를 존중해 주세요. 모든 사람은 자기가 경험한 만큼 세계를 이해하게 됩니다. 서로의 이야기에 귀를 기울이다 보면 경험했지만 알아채지 못했거나 억울했지만 그냥 흘려보냈던 일들이 생각날 수도 있어요. 우리는 늘 서로 함께 배웁니다!

"페미니즘 운동은 연령과 여남을 불문하고 모든 사람이 성차별주의를 철폐하기 위해 노력해야 진보한다. 우리가 선 그곳에서 페미니즘을 위해 행동하면 된다."

– 벨 훅스, 《모두를 위한 페미니즘》, p259

성별 고정관념이
차별을 만든다고요?

젠더와 페미니즘에 대해 어느 정도 이해가 되었나요? 이제 나와 내 주변의 구체적 일상에 젠더를 가지고 와서 본격적으로 이야기를 나눠보겠습니다. 먼저 우리 논의에서 가장 중요한 명제를 제시합니다.

"모든 성차별은 성별 고정관념에서 시작된다."

우선 성별 고정관념이 무엇인지부터 알아보죠. 여러분도 단어만 보고 예측해 보겠어요? 성별 고정관념은 말 그대로 성별에 따른 고정적인 생각, 관념이 있다는 의미입니다. 사람들은 성별에 따른 특징, 특별함, 다름, 역할, 성격, 외모, 태도,

경향성 등에 대해 아주 오랜 시간 당연하게 여겨왔는데요. 이에 대해 좀 더 자세히 알아보겠습니다.

여자, 남자를 가르는 언어 신호등

일상생활에서 가장 쉽게 성별 고정관념을 알아차릴 수 있는 신호등은 "남자가~", "여자는~"라는 말입니다. 이러한 언어 신호등은 남성과 여성에 대한 외모에서부터 성격, 역할과 직업, 한계와 목표에 이르기까지 거의 모든 부분에서 작동하는데요. 이 작동 원리에 따르면 남성과 여성은 태어날 때부터 완전히 다른 종으로 간주하는 듯 느껴집니다. 성별 고정관념은 여성뿐 아니라 남성에게도 동시다발적으로 작동하는데, 하나씩 뜯어서 살펴보면 동전의 양면처럼 남성과 여성을 세트로 쥐고 흔든다는 것을 알 수 있습니다.

예컨대 '여성은 힘이 약하다'라는 명제가 있다고 합시다. 힘이 약한 사람은 어떻습니까? 누군가의 보호나 도움이 필요하겠죠. 누가 지켜줘야 하죠? 강한 사람이 지켜줘야 하겠죠. 그럼 우리 사회에서 힘이 약한 여성을 보호해야 할 사람으로 지목되는 사람은 누구일까요? 네, 바로 남성입니다. 그럼 이 남성은 언제나 강해야겠군요. 적어도 약한 여성을 보호할 만큼은요.

　또 '남자는 울면 안 된다'고 하는 명제에 반해 남성이 울었다면 어떻게 될까요? 남자답지 못하다는 비난과 조롱을 받게 될 겁니다. '계집애처럼 운다'고 놀림을 받을 수도 있고, 한심하게 볼 수도 있죠. 이런 일이 반복되면 남성은 자기감정을 표현하는 데 인색한 사람으로 사회화되고, 여성은 상대적으로 눈물 많고 감정적인 사람으로 고정화되게 됩니다.

최근 몇몇 텔레비전 상품 광고를 보면 성별 고정관념 없는 인물들이 등장해 신선한 시도를 하고 있습니다. 하지만 여전히 많은 광고와 매체에서 성별 고정관념이 강하게 작동하고, 그런 광고가 더 감동적으로 다가오기도 하는 걸 보면 우리 모두에게 익숙한 '공통된 전제'가 있는가 봅니다. 2020년에 제작된 한 자동차 광고를 소개합니다. '엄마의 탄생', '끄떡없이 버틸게'라는 제목의 가족을 주제로 한 시리즈 광고인데요, 이 중 하나를 보고 다시 이야기하도록 하죠.

 한 남성이 아침 운동을 하면서 되뇝니다. "너희들을 만나고 난 후부터 난 아프면 안 되는 사람이 되었어."라고요. 멋대로 쓰러져도 안 되고 울고 싶을 때도 그냥 참아야 하고요. 아이들이 다 클 때까지 끄떡없이 버티겠다고 다짐하고 또 다짐합니다. 왜 이 남성은 아프면 안 되고 울고 싶을 때도 참아야 할까요? 바로 '아빠'이기 때문입니다. 남자로서, 한 가정의 가장으로서 힘들거나 슬플 때도 이를 악물고 참아야 한다는 것은 성별 고정관념에서 비롯됩니다. 우리 사회는 오랫동안 남성에게 감정을 억누르고 표현해서는 안 된다고 가르쳐 왔습니다. 오죽하면 '남자는 태어나서 세 번 운다'라는 말이 있겠어요? 요즘 청소년들에게 이 '세 번'이 언제인지 아냐고 물으면 '태어났을 때'는 대부분 맞추는데요. 나머지 두 번은 정답에서 많이 엇나갑니다. 애인한테서 헤어지자는 말을

들었을 때, 부모님께 혼나 억울할 때, 드라마의 슬픈 장면을 볼 때, 병원에 갈 정도로 몹시 아플 때, 문지방에 발을 찧었을 때 등 남자가 울어야 할 때와 울 수 있을 때는 무궁무진하잖아요. 남자 여러분, 여러분은 언제 눈물을 흘려 보았나요?

"여자는 연약하고 남자는 강하다."가 기본 대전제가 되는 성별 고정관념. 이 대전제 위에 차곡차곡 고정관념들이 덧쌓여갑니다. 그중 청소년들의 일상에서 작동하는 성별 고정관념은 무엇이 있을까요? 매일 아침 화장실에서 씻을 때부터 옷을 고르고 입을 때, 친구들과 인사하고 공부를 하는 동안에, 선생님 말씀을 경청하고 식사를 할 때, 명절에 친척들을 만날 때 건네는 인사에서, 제사를 준비하고 음식을 준비하는 가족들의 큰 행사에서, 학원 오가는 길이나 번화가에서 카페를 이용할 때, 거울 보고 내 얼굴을 볼 때마다, 옷을 구입하러 가거나 책을 사러 갈 때, 보호자의 심부름을 할 때, 시장이나 마트에서 장을 볼 때 등 일상 곳곳에 젠더가 작동하고 있습니다. 우리가 보다 더 예민하고 날카로운 젠더 감수성을 갈고 닦아야 하는 이유도 바로 일상에서 이런 성별 고정관념을 발견하기 위해서입니다. 우리가 성별에 따른 고정관념들을 알아차리는 만큼 지금껏 당연했던 사회는 당연하지 않게 될 거예요. 성별을 이유로 당연하게 주어졌던 의무와 역할, 외모 기준 등에 대해 다시 생각해 볼 수 있게 되길 바랍니다.

성별 고정관념은 어떻게 성차별을 만드나

앞서 모든 성차별은 성별 고정관념이 만든다고 했죠? 이를 이해했다면 왜 성별 고정관념이 성차별을 만들어내는가를 살펴볼 차례입니다. 남성과 여성에게 당연하게 주어지는 역할, 외모, 성격, 직업 등의 성별 고정관념은 고정관념으로만 있지 않고 이에 영향을 받는 사람들의 생각에 '편견偏見'으로 굳어집니다. 편견은 '공정하지 못하고 한쪽으로 치우친 생각'을 의미하는데요. 편견이 정말 무서운 점은 '편견이 편견인 줄 모른다'는 데 있습니다. 어느 한쪽으로 치우치거나 왜곡된 생각을 하고 있어도 이미 편견이 가득하고 편견대로 작동하는 사회 속에서는 그 편견을 알아차릴 수 없게 되는 거죠. 그리고 편견은 우리 머릿속에서 생각으로만, 관념으로만 보관되지 않습니다. 생각하는 대로 말하고 무의식적으로 표출되기에 이르죠.

이쯤 되면 고정관념과 편견은 더 이상 우리의 생각 속에만 존재하는 게 아니라 사회와 영향을 주고받으면서 거대한 '구조'를 형성하는데요. 예컨대 '모든 여성은 모성을 가지고 있다'는 고정관념이 있다고 해봅시다. 이러한 고정관념은 '아이는 엄마가 키워야 해'라는 편견으로 연결되고, 어렵게 얻은 직장에서 임신·출산 때문에 경력이 중단되거나, 기업채용 시 남성보다 불이익을 받게 되거나, 낮은 임금 기준에 동의할 수밖에 없는 사회 구조적 성차별이 발생하게 됩니다.

그러면 이러한 성차별은 무엇 때문에 발생하는 걸까요? 생물학적으로 임신이 가능한 여성의 몸sex 때문인가요, 아니면 모성을 둘러싸고 사회문화적으로 구성된 성별gender에 관한 고정관념 때문인가요?

모성에 관한 편견과 고정관념은 고용이나 임금 문제에서

끝나지 않습니다. 최근 전 세계적으로 심각한 문제로 꼽히는 것이 '저출생' 문제잖아요? 한국은 특히 더 심각한 상황으로 OECD(경제협력개발기구) 국가 중 유일하게 1명 아래로 내려간 국가가 한국입니다.[4] 가임 여성 1명이 평생 낳을 것으로 예상되는 아이의 숫자인 합계출산율이 2022년에 0.7명대로 떨어져 충격을 주고 있죠.

그런데 이상한 점은 저출생 문제의 원인으로 지목되는 사람이 바로 '가임기의 젊은 여성들'이라는 겁니다. 인구 고령화와 혼인율 감소, 주거난과 취업난, 물가 상승과 청년 빈곤 등을 둘러싼 사회경제적 현실에 대한 종합적 검토와 연구 없이 모든 책임을 '아이를 낳지 않는 이기적인 여성들'에게 씌우는 형국이죠.

심지어 아이를 하나 낳은 여성도 위의 비난에서 자유롭지 않습니다. '아이가 하나면 혼자 얼마나 외로운데', '나라가 이렇게 위태로운데 한 명만 낳으면 안 되지' 하는 질타를 받으니까요. 여성의 모성성은 여성의 사회경제적 조건뿐만 아니라 매우 사적인 일로 여겨져 왔던 임신·출산 등의 재생산권에 대해서도 통제와 억압을 가할 근거로 작동하고 있습니다. 그리고 이것이 바로 우리가 성별 고정관념과 편견을 예민하게 알아차려야 하는 이유입니다.

하나 더 짚어보면, 여성의 모성과 연약함에 대한 고정관념은 남성에 대한 성차별적 요소로도 작동합니다. 여성을 가정에서 육아를 전담할 주체로 제한하면 경제활동, 즉 돈을 벌어 가족을 부양할 의무는 누구에게 주어질까요? 네, 남성들에게 주어집니다. 이런 일이 반복되고 관습으로 굳어지면 남성들은 경제활동을 위한 교육, 경력, 임금 등 여러 면에서 개발하고 훈련할 기회가 많아지고 여성은 상대적으로 그렇지 않게 되면서 그 간극이 점점 벌어지게 될 거예요.

그래서 여성에 대한 성별 고정관념과 성차별은 가부장제로 직결되는 전제조건이자 필요조건이 되는 것입니다. 가족 내에서 아버지를 중심으로 남성들이 경제적·정치적 권력을 가지기 때문에 여성의 목소리는 무시당했고, 여성들의 경제적·정치적 권력이 무시당했기 때문에 남성의 권력이 더 커졌습니다. 하지만 권력만 커진 게 아닙니다. 권력과 함께 짐도 더 커졌습니다. 가부장으로서 남성의 어깨에 지워지는 짐이 계속해서 무거워지는 것이죠. 둘이 나눠질 수 있었다면 위 자동차 광고처럼 힘들어도 언제나 끄떡없이 버티고 슬퍼도 울 수 없는 남성이 아니라 좀 더 감정 표현에 솔직하고 힘들 땐 힘들다고 말할 수 있는 아버지가 등장했을지도 모르겠습니다.

우리의 생각은 관념 속에만 갇혀 있지 않고 살아 움직이면서 사회와 영향을 주고받습니다. 그러므로 내가 지금 당연하다고 여기는 고정관념은 나만의 생각이 아닙니다. 당연하다고 여겼던 고정관념에 대해 "왜?"라고 묻는 말은 우리 사회를 바꿀 수 있는 매우 중요한 행위입니다. 지금껏 성별 고정관념은 성차별을 당연하게 하는 핵심 작동 원리이자 조력자였습니다. 이런 상황에서 젠더 감수성, 즉 성 인지 감수성은 우리의 눈과 귀를 예민하고 날카롭게 만들어 잘못된 성별 고정관념을 알아차리게 해줄 것입니다. 그리고 성차별 때문에 누구도 배제하지 않는 사회의 실현을 앞당겨 줄 것입니다.

이제 우리에게는 '편'견이 아니라 '평'견이 필요합니다. 당연했던 관점과 시각에 왜라고 당돌하게 되물을 수 있는 용기, 왜 그동안 치우쳐 있었냐고, 왜 고르지 않은 시선을 강요해 왔느냐고 똑바로 되물을 여러분의 고귀한 평견을 기다리고 기대해 봅니다.

(함께 고민하고 말하고 싶어)

화장실에서, 거울을 볼 때, 옷을 살 때, 화장품을 바르거나 고를 때, 길을 걸을 때, 대중교통을 이용할 때, 명절에 가족이 모였을 때, 음악을 들을 때, 식당에서 밥을 먹을 때, 학원에 있을 때, 공부할 때 등 일상 속 상황을 떠올려 봅시다. 여러분의 경험과 생각, 감정에서 나오는 여러분만이 작동시킬 수 있는 '젠더 감수성'이 필요합니다.

1 친구, 가족, 학급, 학교, 지역사회 등의 사회적 환경에서 우리가 '젠더 감수성'을 통해 새롭게 발견할 수 있는 문제점이나 불편함은 무엇이 있을까요?

힌트 외모` 복장 역할 성격 직업 색깔

2 일상에서 성별 고정관념을 가진 말들을 더 찾아봅시다. 한 번에 다 채울 수 없다면 염두에 두고 있다가 시간을 두고 채워 보아도 됩니다. 다 채웠다면 지인들과 함께 공유하거나 토론해 보도록 합시다.

남자는 ~해야 돼 / ~하면 안 돼	여자는 ~해야 돼 / ~하면 안 돼

3 앞서 찾아본 '일상 속 성별 고정관념'을 보다 확장해 보겠습니다. 여러분이 작성한 성별 고정관념이 어떤 편견을 만드는지, 그리고 그러한 편견은 어떠한 성차별적 사회구조와 연결되는지 생각해 보고 토론해 봅시다.

성별 고정관념	편견	성차별 현상

2부

젠더와 안전

사는 데 필요한
최소한의 조건

질문
있어요

Q1. 젠더와 안전은 어떤 연관이 있나요?

Q2. 무엇을 성폭력이라고 하나요?

Q3. 성폭력 예방 교육에서는 무엇을 배우나요?

인간이 생존하려면 최소한 어떤 게 필요할까요? 네, 바로 먹고 사는 것이죠. 성별과 연령, 지위 고하에 상관없이 모든 인간은 먹고 사는 문제와 관련된 욕구에 있어 매우 원초적인 입장이 될 수밖에 없습니다. 그래서 예부터 '의衣, 식食, 주住'를 인간 생활의 3요소로 중요시했지요.

사람들은 적어도 하루에 한두 끼의 음식을 먹어야 살고, 최소한의 안전이 보장되는 공간과 날씨에 맞는 의복 차림이 필요합니다. 이 외에도 길을 걷다가 또는 집에서 잠을 자다가 누군가에게 폭력을 당하지 않을 만한 최소한의 안전이 보장되어야 생존할 수 있겠지요?

'최소한의 안전'과 '최소한의 먹을거리'는 인간 생존에 있어 가장 기본적인 조건이라고 할 수 있습니다. 먼저 '최소한의 안전'에 대해 젠더 감수성으로 들여다보겠습니다.

누가 위험한가

최근 한국 사회 치안 문제에 관한 우려와 시민들의 공포가 극에 달하고 있습니다. 수도권의 사람이 붐비는 시간대에 일명 '묻지마 살인사건', 'ㅇㅇ역 흉기 난동', 'ㅇㅇ역 칼부림 예고', '대낮 ㅇㅇ공원 성폭력' 등의 이름으로 불리는 강력범죄들이 계속해서 발생하고 있기 때문입니다.

사실 이런 일이 어제오늘의 일은 아닙니다. 사람이 붐비는 곳에서는 칼부림이 난무하고 공원 둘레길의 CCTV 사각지대에서는 대낮에도 성범죄 사건이 줄을 잇고 있습니다. 세계에서 알아줄 만큼 치안이 잘 되어 있다고 평가받던 대한민국은 이제 없습니다. 출퇴근길에서, 등하굣길에서도, 엘리베이터 안에서도, 대중교통이나 공원에서, 심지어 마트나 백화점에서도 우리는 누군가에 의해 다치거나 죽거나 성폭력 당할 확률이 있는 사회에서 살아가고 있습니다.

강력범죄 피해자의 80% 이상이 여성

인간이 그를 둘러싼 환경에서 존엄하게 생존하려면 우선 그 환경이 얼마나 안전한가를 알아보는 것이 필요합니다. 그리고 이 광범위하고 포괄적인 개념인 '안전'을 우리가 눈에 보이게 측정할 수 있는 형태로 보여주는 기준이 바로 '범죄발생률'•입니다. 많은 범죄 영역 중에서 강력범죄는 '살인, 강도, 성폭력, 방화'를 포함하는데 죄의 정도가 심각하고 사회적으로 매우 영향력이 크거나, 폭력 또는 무기를 사용하여 저지르는 범죄를 의미합니다.

경찰청 강력범죄 통계를 살펴봅시다. 2020년 전체 강력범죄 피해자는 2만 3,827명으로 성별을 알 수 없는 경우를 제외하면 남성이 11.8%, 여성이 88.2%입니다.[5] 또한 2011년에서 2020년까지 10년간의 강력범죄 피해자의 남녀비율에

• 한국의 '범죄율'은 인구 10만 명당 보고된 형법 범죄 건수로 사회의 안전 수준과 치안 상태를 나타냅니다. 주요 형법 범죄로는 살인, 강도, 성폭력(강간 포함), 폭행, 절도가 있고, 인구 10만 명당 발생 건수를 계산하여 국가 지표체계에 발표됩니다.

경찰청 강력범죄 통계(2011~2020)

연도	전체	남성	비율	여성	비율
2020	23,827	2,821	11.8%	21,006	88.2%
2019	25,790	3,072	11.9%	22,718	88.1%
2018	25,774	3,160	12.3%	22,614	87.7%
2017	26,638	3,139	11.8%	23,499	88.2%
2016	25,071	3,071	12.2%	22,000	87.8%
2015	25,021	3,334	13.3%	21,687	86.7%
2014	24,978	3,249	13.0%	21,729	87.0%
2013	26,718	3,568	13.4%	23,150	86.6%
2012	24,994	3,770	15.1%	21,224	84.9%
2011	26,519	4,676	17.6%	21,843	82.4%
합계	255,330	33,860	13.3%	221,470	86.7%

서 성별을 알 수 없는 경우를 제외한 통계를 종합하면 남성이 13.3%, 여성이 86.7%가 됩니다. 생명에 위협을 받을 정도의 강력범죄 피해자는 여성이 월등하게 많다는 사실을 알 수 있습니다.

이 강력범죄 통계에서 중요하게 볼 부분이 또 있는데요. 전체 강력범죄 중에서도 성폭력과 강제추행 등의 성범죄 비중이 매우 높다는 것입니다. 남녀를 포함한 전체 강력범죄 피해자의 82%, 여성 피해자의 95%가 여성 성범죄 피해자였습니다. 성범죄 피해자 대부분이 여성이라는 걸 감안하면 강력범죄 피해자의 여성 비율이 높은 이유에 대해서도 어느 정도

설명이 가능할 것입니다. 그러니까 한국 강력범죄의 80% 이상은 여성을 대상으로 하여 발생하며, 강력범죄 중에서도 강간, 강제추행 등의 성폭력 범죄가 매우 큰 비중을 차지할 만큼 여성은 다양한 폭력의 대상이 되고 있다는 것입니다.

성폭력은 구조적 문제

2020년 한국 사회를 떠들썩하게 만들었던 '텔레그램 N번방 성 착취 사건'을 알고 있나요? 텔레그램이라고 하는 SNS 단체대화방에서 발생한 사건으로 주로 20대 남성들이 10~20대 여성들에게 접근해 변태적이고 가학적인 성적 이미지 등을 착취해 사고팔거나 유포했던 사건입니다. 온라인에서 발생하는 디지털 성범죄의 심각성을 온 사회에 알린 매우 충격적인 사건이었죠. 이 일을 계기로 아동·청소년을 대상으로 하는 성 착취 문제 등에 대해 법적 형량이 강화되었습니다. 하지만 아직도 온라인에서는 다양한 방식으로 디지털 성폭력이 자행되고 있어 법의 강화가 범죄를 예방하는 데 효과를 내고 있는지에 대해서는 심층 연구가 필요합니다.

우리가 주의 깊게 살펴야 할 것 중 하나는 전체 성폭력 범죄 가운데 아동·청소년 성 착취물의 제작·배포와 불법 촬영과 같은 디지털 성범죄가 차지하는 비율이 계속해서 증가하고 있다는 겁니다.• 과거 또는 현재의 배우자나 연인 등 한때 친밀했거나 현재 친밀한 관계에서 발생하는 성범죄도 눈에 띄게 늘고 있습니다. 여성가족부가 공개한 '2021 여성 폭력 실태조사' 보고서에 따르면 여성 폭력 피해자의 46.0%는 친밀한 관계(가해자가 과거 또는 현재의 배우자, 연인인 경우)에 있는 가해자로부터 피해를 입었습니다.

이렇게 강력범죄와 성폭력 범죄의 실제 통계들은 피해의 대상이 누군지 명백하게 가리키고 있습니다. 앞서 제시한 통계 외에도 여성이 피해자임을 명시하는 자료나 보고서는 셀 수 없이 많습니다. 여러분도 모두 찾을 수 있어요. 검색 사이트에서 '한국 강력범죄 통계', '한국 성범죄 통계', '성범죄 피해자 통계' 등을 검색하면 됩니다.

시간도, 장소도, 이유도 불문합니다. 이제는 얼굴을 마주하지 않는 비대면 온라인 환경에서도 발생하고, 가까운 사람이라고 믿었던 친밀한 관계에서도 여성은 피해자가 되고 있습니다. 일상에서 (성)폭력을 당하고 있는 성별은 여성입니다.

• 이 비율은 2017년에 20.2%, 2018년에 20.4%, 2019년에 20.2%, 2020년에 25.1%를 보이다가 2021년에 33.0%로 많이 증가했습니다.

피해자들에게서 성별이나 나이, 지위 등의 인구학적 공통점이 지속해서 발견된다면 이것은 한두 사람만의 개인적 문제가 아니라 구조적 문제입니다. 우리는 성폭력 문제를 가해자와 피해자 간의 개인적 문제가 아닌, 구조적 문제로 바라봐야 올바르게 이해할 수 있습니다.

피해자가 될 만했다고?
성폭력 통념

성폭력 문제가 사회 구조적 문제라면 왜 폭력의 대상은 여성이 되고 있는 것인지 분석해 보아야겠죠? 분석을 통해 원인을 알면 우리는 이 오랜 문제의 실마리를 찾을 수 있을 겁니다.

성폭력은 피해자 잘못일까?

우리 사회는 오랫동안 성폭력의 원인을 피해자에게서 찾아왔습니다. 예컨대 피해자가 '밤늦게 돌아다녔기 때문'이라거나 '술에 취했기 때문에', '노출이 심한 옷을 입고 있어서', '평소 행실이 좋지 않아서'와 같은 말을 피해자에게 쏟아 놓는 것이죠. 모두 성폭력이 발생한 원인을 피해자의 행실에서 찾고 있는 말들입니다. 그런데 위의 말들을 거꾸로 말해 볼까요?

- 피해자가 일찍 일찍 다녔다면 성폭력을 당하지 않았을 것이다.
- 피해자가 술에 취하지 않았다면 성폭력을 당하지 않았다.
- 피해자가 짧은 치마를 입지 않았다면 성폭력을 당하지 않았다.
- 피해자의 평소 행실에 문제가 없다면 성폭력을 당하지 않았을 것이다.

이상하지 않나요? 이와 같은 논리가 진실이라면 얼마 안 되지만 분명히 존재하는 남성 피해자들은 왜 성폭력 피해를 보나요? 남성도 짧은 치마를 입거나 밤늦게 다녀서 성폭력 피해를 경험하는 건가요? 이상한 점이 하나 더 있습니다. 다른 범죄의 피해자들에게도 이렇게 질문하나요? 예컨대 살인, 절도, 폭력, 방화 같은 강력범죄의 피해자에게도 당신이 평소 행실이 좋지 않아서, 당신의 복장이 가해를 당할 만했기 때문에 당한 거 아니냐고 질문하느냐는 거죠. 벌건 대낮에 길을 지나가는데 눈 깜짝할 사이에 강도가 내 가방에서 지갑을 훔쳐 달아났습니다. 이는 누구의 잘못일까요?

2018년 1월 벨기에 수도 브뤼셀에서 '내 잘못입니까?Is it my fault?'라는 제목의 전시회가 열렸습니다.[6] 이 전시회에는 여러 가지 옷들이 전시되었는데요, 흰 블라우스와 검은 바지, 잠옷, 파란색 원피스, 교복, 경찰 제복, 애니메이션 캐릭터가 들어간 어린이용 티셔츠까지 다양한 옷이 진열되었습니다. 특별할 것 없는 이 평범한 옷들은 어떤 이유로 전시되었을까요? 이 옷들의 공통점은 모두 강간 피해자가 피해의 순간에 입고 있던 옷이었습니다. '야한 옷', '짧은 옷'이 아니라 학교에 가고, 출근하고, 친구를 만나고, 잠을 자고, 밥을 먹을 때 입는 그런 평범한 일상의 옷들이었습니다.

많은 성폭력 피해자가 경험하는 부정적 감정 중에 대표적인 것이 '죄책감'입니다. 피해자가 왜 죄책감을 느끼냐고요? 이 사회가 자꾸만 피해자들에게 '네가 무언가를 잘못했으니까 그런 험한 일을 당한 거 아니냐'고 질책하니 피해자 자신도 정말 자기 잘못인지를 의심하게 되기 때문입니다. 이 전시회는 이러한 성폭력에 대한 사회적 통념, 잘못된 인식을 바로잡기 위해서 기획된 겁니다. 성폭력은 피해자가 옷을 야하게 입어서 발생하는 것이 아니라 아주 평범한 옷을 입은 사람들이 겪는 일이라는 걸 보여주는 거죠. 특히 이 전시회에 걸려 있던 아이용 티셔츠들은 피해자에게 책임을 전가하는 성폭력 통념을 비판할 수 있는 매우 상징적인 메시지를 담고 있습니다.

지금까지 살펴보았듯, 성폭력은 시간과 복장 등 피해자가 가진 조건이나 상황에 상관없이 발생합니다. 성폭력이 발생하는 이유는 피해자의 옷차림이나 행실, 시간이나 장소가 아니라 단 하나의 이유, '가해자' 때문입니다. 가해자가 피해자를 대상으로 그러한 행위를 할 수 있는 사회·문화적 구조이기 때문에 또 왜곡된 성폭력 통념과 성인식을 가진 가해자의 의도와 행위가 존재했기 때문에 발생하는 것입니다.

성폭력 통념이란?

'통념'이란 사회적으로 널리 퍼져있는 일반적인 생각을 의미합니다. 그 자체로는 긍정적이거나 부정적인 것은 아니지요. 그러나 성폭력에 관한 사회적 통념은 널리 퍼져있는 일반적 생각일지라도 비판적으로 해석해야 합니다. 피해자에게 가해지는 '2차 피해'의 대부분이 성폭력 통념에서 비롯되는 경우가 많기 때문입니다.

☑ 성폭력은 낯선 사람에 의해 발생한다.
☑ 성폭력은 피해자의 옷차림이 야해서 발생한다.
☑ 성폭력은 피해자가 거부 의사를 강력하게 표현하지 않아서 발생한다.
☑ 성폭력 피해자는 고통과 피해 속에서 평생 위축되어 살아간다.
☑ 성폭력 피해는 여성만이 겪을 수 있는 문제다.
☑ 성폭력은 억제하기 어려운 남성의 성적 욕구 때문에 발생한다.

이 외에도 우리 사회에서 작동하는 성폭력 통념을 더 찾아봅시다.

성폭력은 왜 발생하는가?

앞서 한국 사회 강력범죄의 주요 피해자는 여성이라고 했죠? 특히 성폭력 범죄의 피해자와 가해자는 매우 젠더화되어 있음을 볼 수 있었습니다. 다시 말해 성폭력은 피해자는 여성, 가해자는 남성으로 성별화되어 있다는 것입니다.

시대에 따라 조금씩 차이가 있긴 하나, 여성은 남성보다 힘이 약하고 수동적이라는 성별 고정관념이 우리 사회를 지배해 왔습니다. 그렇다면 정말 여성은 남성보다 힘이 약해서 성폭력을 당할까요? 또 여기서 '힘'이란 신체적·물리적인 힘을 의미할까요? 경제적·정치적인 힘을 의미할까요? 아니면 둘 다를 의미할까요?

누가 더 권력을 가졌는지를 보라

성폭력은 기본적으로 여러 가지 힘의 차이에서 오는 문제가 맞습니다. 사회가 어느 한쪽으로 심하게 기울어져 있기 때문에 피해자의 성별도 이렇게 치중되는 것입니다. 평등한 사회였다면 성폭력 문제가 이렇게까지 심각하진 않았을 거예요.

설사 성폭력의 피해자가 남성이라 하더라도 여성이 가해한 경우는 극히 드뭅니다. 대부분 남성 집단 내에서 힘이 없는 사람이 성폭력의 피해를 경험합니다. 쉽게 말해 남성 피해자에게 성폭력을 가하는 사람도 남성이 대부분이라는 말입니다.

여기서 잠깐! 성폭력 가해자의 대부분이 남성인 것이지 모든 남성이 성폭력 가해자라는 뜻은 아닙니다. 이 부분을 오해하면 곤란합니다. 문제를 해결하고자 분석을 하는 것이지 모든 남성을 '위험한 사람들' 혹은 '잠재적 가해자'를 만들기 위한 것은 아니니까요.

또 성차별적 사회에서 어떤 성별이 차별받아 왔는가를 잘 보아야 합니다. 만약에 인류의 역사 속에서 오늘날까지 남성이 사회적으로 더 차별받고 배제되고 소외된 성별이었다면, 성폭력은 권력에서 우위에 있는 여성에 의해 주로 발생했을 것입니다. 성폭력은 권력의 차이가 존재하는 관계와 사회적 구조에서 쉽게 발생하니까요. 상대방을 존중하지 않아도 될 만큼의 권력·권위·힘을 가지고 있는 누군가가 있는 한, 성폭력은 사라지지 않을 겁니다. 그래서 성폭력 예방 교육을 할 때 늘 하는 이야기가 개인의 '경계', '동의', '성적자기결정권' 개념입니다. 이는 그만큼 우리 사회가 당연해 보이는 개인의 권리와 동의가 지켜지지 않는 사회라는 방증이며, 구조적·문화적으로 해결해야 할 문제인 성폭력을 '개인의 권리'라는 측면으로 접근하면 해결되지 않는다는 것을 보여줍니다. 개인이 동의하지 않으면 성폭력은 일어나지 않을까요? 우리는 사회적 문제를 계속해서 구조적 측면에서 바라보고 분석할 필요가 있습니다.

성차별적인 사회이기 때문에, 가부장적 사회이기 때문에, 남성중심적 위계·관계 문화를 가지기 때문에 성폭력은 계속해서 여성을 대상으로 발생합니다. 또 다른 사람의 경계를 침해하는 행동을 장난이나 좋아하는 마음의 표현으로 어물쩍 넘어가고, 심지어 정상적인 것으로 수용해 온 사회 맥락 속에서 발생합니다. 이에 더해 성폭력에 관한 왜곡된 사회적 통념과 성 인식은 성폭력이 발생하는 구조를 지속하게 만드는 보호막의 역할을 하면서 보다 성폭력 발생구조를 견고하게 결속시킵니다.

성적 대상화가 성폭력을 부른다

여기서 또 한 가지 중요한 개념이 있습니다. 바로 성폭력의 주요 발생 원인 중 하나인 '성적 대상화 sexual objectification'입니다. 성적 대상화란 타인을 나의 성적 욕망을 충족하기 위한 수단으로 인격이나 감정이 없는 물건처럼 취급하는 행위를 통칭합니다. 여성의 몸만 성적 대상화되는 것이 아닙니다. 정도와 양상의 차이가 있지만 남성의 몸 또한 소비되고 대상화됩니다. 하지만 여성에 대한 성적 대상화는 매우 심각한 수준이며, 이는 여성 개개인의 인격이 배제되고 '여성이라는 속성' 혹은 '여성의 신체적 특성'이 하나의 상품으로 다뤄지는 배경이 됩니다.

인류의 역사 속에서 인간의 몸은 언제나 이미지화되고 소비됐습니다. 오늘날은 어떨까요? 여전히 대중 문화와 일상에서 이미지로 소비되는 몸을 볼 수 있습니다. 다른 사람의 몸을 너무도 당연히 '섹시한' 몸, '아름다운' 몸, '갖고 싶은' 몸이라고 생각해 본 적이 있다면 이 성적 대상화 문제를 점검해 봐야 할 것입니다. 즉 의도하지 않았더라도 어떤 목적에서든지 타인의 몸이나 존재를 성적 대상화하고 있지 않은지 성찰해 보아야 한다는 뜻입니다. 최근 2~3년 사이 극심한 디지털 성폭력은 이 성적 대상화 문제에 기인합니다.

성폭력이 발생하는 원인을 다시 한번 정리해 보겠습니다. 구조적 성차별 문제를 해결하면 성폭력도 해소될 거라고 예상해 볼 수 있지요? 또 가부장적·남성중심적 문화를 해체하면 성폭력도 해결의 실마리가 보일 겁니다. 왜곡된 성인식과 사회적 통념에 저항하고 바로잡아야 하는 이유가 바로 여기에 있습니다.

또 우리가 다른 사람의 몸을 너무 쉽게 성적 대상화하는 사회에 살고 있으므로 이 문제에 관해서도 점검해 보아야 한다고 했습니다. 그래서 일상 전반의 이러한 문제들을 예민하게 알아차릴 수 있는 젠더 감수성이 필요하다는 말을 다시 한번 강조합니다.

'2차 피해'는 뭔가요?

여성가족부의 '2022년 성폭력 안전 실태조사' 결과를 보면 성폭력에 관한 한국 사회의 인식은 여전히 뒤떨어져 있습니다.[7]

이 조사의 '성폭력 관련 인식·통념' 항목을 보면 응답자의 52.6%가 '성폭력 피해를 본 사람이라면 피해 후 바로 경찰에 신고할 것'이라고 응답했는데요. 피해를 경찰에 신고할 것이라는 생각 자체에는 아무 문제가 없습니다. 그러나 이와 같은 생각이 성폭력 피해자에게 적용되면 상황은 완전히 달라집니다. 예를 들어 피해 발생 '즉시' 신고하지 않은 의도가 무엇인지를 따져 물으면서 피해자의 말을 의심하는 것이지요. 모든 피해자가 경찰에 신고하는 것은 아닙니다. 자신의 피해를 어떤 방식으로 회복하고 가해자에게 문제 제기할 것인지는 온전히 피해자의 판단과 결정에 따라, 또 당사자가 처한 상황에 따라 모두 다릅니다. 피해 즉시 신고하지 않았다고 해서 피해자의 경험을 의심하는 것은 피해자에게 또 다른 피해를 줄 수 있습니다. 이 외에도 다음의 표를 보면 한국 사회에서는 왜곡된 성폭력 통념이 여전히 매우 강하게 작동하고 있음을 알 수 있습니다.

항목	응답 비율
성폭력 피해를 입은 사람이라면 피해 후 바로 경찰에 신고할 것이다.	52.6%
성폭력은 노출이 심한 옷차림 때문에 일어난다.	46.1%
금전적 이유나 상대에 대한 분노, 보복심 때문에 성폭력을 거짓으로 신고하는 사람도 많다.	39.7%
피해자가 술에 취한 상태에서 성폭행을 당했다면 피해자에게도 책임이 있다.	32.1%
키스나 스킨십을 허용하는 것은 성관계까지 허용한다는 뜻이다.	31.9%

진짜 문제는 이러한 성폭력 통념이 피해자에게 '2차 피해'로 작동한다는 점인데요. 성폭력 2차 피해란 성폭력 피해를 복구하고 해결해 나가는 과정에서 피해자에게 추가로 가해지는 총체적 피해를 의미합니다. 구체적으로는 사건 이후 사법기관, 의료기관, 가족, 친구, 언론 등의 부정적이고 공격적인 반응들로 인해 피해자가 겪는 정신적·사회적·경제적 불이익이나 고통을 포함하는 개념입니다.

더 큰 상처를 주는 2차 피해

　성폭력 피해자 대부분은 '피해자가 과연 피해자답나'를 판별하려고 하는 '피해자다움'과 '피해자가 평소 얼마나 순수하고 순결한가'를 가리려는 '순결한 피해자' 논쟁에 시달립니다. '원래 피해' 자체를 회복하기는커녕 피해자를 의심하고 책임을 전가하는 태도와 통념 때문에 피해가 중첩되고 있는 거죠. 그리고 실제로 피해자들에게 2차 피해가 1차 피해(직접 피해)보다 훨씬 더 큰 상처와 좌절감을 준다고 합니다. 자신을 지지하고 믿어주리라 생각했던 가족이나 주변인, 사회로부터 의심과 질타를 받는다면 얼마나 억울할까요? 누군가가 나의 말을 믿어주지 않아 억울했던 경험, 여러분도 한 번쯤 있을 텐데요. 그렇기에 더더욱 피해자들이 얼마나 큰 용기를 낸 것인지 추측해 볼 수 있습니다.

　우리 사회는 오랫동안 수많은 피해자가 용기를 내준 덕에 일상에서 빈번하게 일어나는 성폭력 문제에 대해 공론화되었고, 과거에 비해 매일 조금씩 안전해지고 있습니다. 오늘 우리가 안전하다고 느낀다면 그것은 피해자들에게 빛을 지고 있는 것입니다. 이들의 용기 덕분에 2차 피해와 관련한 사회적 공론이 활발해지면서 국가와 각 지방자치단체는 피해자에 대한 2차 피해를 방지하기 위해 '여성 폭력 2차 피해 방

지 지침 표준안'을 마련하거나 관련 교육을 강화하는 등의 노력을 기울이고 있습니다.[8]

'2차 피해'는 사회 전체가 성폭력 피해자에게 가하는 가해 행위입니다. '사회'는 누구입니까? 우리 각 개인이 모여 사회를 이룹니다. 성폭력에 관한 우리의 생각이 왜곡된 통념에 머물러 있다면 우리도 누군가에게 가해자가 될 수 있습니다.

미투운동,
매일 더 안전해지고 있는 우리

우리는 매일 더 안전해지는 중입니다. 성폭력 의제를 가지고 활동하는 수많은 여성단체와 활동가들, 그리고 그 누구보다 온갖 어려움을 감당하며 자신의 피해를 고발하고 문제 제기해 온 피해자들의 힘으로 오늘도 뚜벅뚜벅 더 안전한 사회를 향해 나갑니다. 아! 이들의 목소리에 귀를 기울이고 함께 연대하고 지지해 준 시민들의 힘도 잊어서는 안 되겠지요. 성폭력 문제의 해결을 위해서는 남녀노소가 따로 없습니다.

이쯤에서 우리는 2018년 한국 사회 전체를 흔들었던 '미투#MeToo' 운동을 기억해 보고자 합니다. '나도 그랬다', '나도 말한다'의 의미를 지닌 '미투' 운동은 2017년 미국에서부터 시작된 캠페인인데요. 전 세계 여성들이 그들의 일상에 만

연한 성폭력에 대해 해시태그를 달아 고발하는 행위가 확산하면서 피해 경험 유무와 상관없이 피해자들의 아픔에 함께하겠다는 의미의 '위드유#WithYou' 운동으로 확대되기도 했습니다.

국내에서의 미투운동은 2018년 1월 29일 한 검사가 TV 뉴스 프로그램에 출연해 전 법무부 국장의 성추행을 폭로하면서 본격적으로 시작됐습니다. 같은 해 3월 5일 충청남도지사 정무비서이자 수행비서가 TV 뉴스 프로그램에 출연해 당시 충청남도지사에게 8개월에 걸쳐 성폭력을 당했다고 밝혀 그 불씨를 더욱 당겼지요. 이후 문화예술계, 연예계, 의료계, 종교계, 교육계까지 전방위적으로 퍼지는 계기가 되었습니다.[9]

스쿨미투와 미투운동의 의의

교육 현장에서의 미투운동은 '스쿨미투'라는 이름으로 퍼졌는데요. 용화여고 졸업생 7명이 SNS를 통해 재학 당시 교사들의 성폭력 사실을 폭로하면서 전국의 중학교, 고등학교로 스쿨미투가 빠르게 퍼져나갔습니다.

2019년 5월 '정치하는엄마들'*은 전국 100여 개 학교에서 일어난 스쿨미투 현황을 웹 검색을 통해 전수조사하고 '스쿨미투 전국지도'를 만들어 홈페이지에 공개했는데요.[10] 이곳에 들어가면 지역별로 얼마나 스쿨미투가 진행되고 있는지 현황과 함께 실제 성폭력 내용을 열람할 수 있습니다. 중학교, 고등학교를 중심으로 본인들이 직접 학교에서 교사로부터 듣고 경험한 성폭력 내용들이 정리되어 있습니다.

미투운동 이후 한국 사회는 성폭력에 관해 더 잘 이야기할 수 있는 분위기가 되었습니다. 과거 쉬쉬하고 숨기면서 피해자에게는 수치스러운 일로, 가해자에게는 실수라며 다독이며 어물쩍 넘어가던 일들이 이제는 적어도 공론장에서 시시비비를 따져보자며 드러내고 말할 수 있게 된 것이죠. 여성들이 일상에서 수시로 겪는 성폭력 문제들을 드러내놓고 이야기하자 남성들 또한 그 심각성을 깨닫기 시작했다는 것도 미투운동의 의의일 것입니다. 많은 여성의 희생과 용기가 오늘도 하루만큼 더 안전한 사회를 만들고 있습니다.

- **정치하는엄마들** 대한민국에서 엄마로서 겪는 사회적 불합리와 구조적 모순을 개선하고자 엄마들의 직접적인 정치 참여를 통한 정치세력화를 도모하기 위해 2017년에 창립한 비영리단체입니다.

(함께 고민하고 말하고 싶어)

아침에 옷을 고를 때부터 공중화장실에 갈 때도, 등하굣길이나 퇴근 길에서 여성은 남성과 달리 신경을 곤두세웁니다.

또한 우리 사회에 디지털 성폭력 문제가 가시화된 후에는 불법 촬영이나 유포에 대해 불안해 하는 사람들이 늘고 있습니다. 전문가들은 불법 촬영이나 유포에 대한 '불안' 또한 성폭력 중 하나의 유형으로 분류하여 성폭력에 준하는 수준으로 개입해야 한다고 말합니다.

1 일상에서 우리는 성폭력을 당하지 않기 위해 무엇을 조심하고 있나요? 왜 조심하는지 서로의 이야기를 들어보고 새롭게 알게 된 사실이나 이해되지 않는 점들을 논의해 봅시다.

2 성폭력을 당할 수도 있다는 불안에 시달리는 여성에게 국가는 어떤 정책적 대안을 제시해 줄 수 있을까요? 또는 어떤 정책이 필요하다고 생각하나요?

3 성폭력을 불러일으키는 성별 고정관념에는 어떤 것들이 있을까요? 어떤 고정관념 때문에 성폭력이 발생하기 쉬운 사회적·문화적 구조가 만들어지는 걸까요?

3부

젠더와 노동

일하는 나를
지킨다

질문
있어요

Q1. 같은 일을 하는데도 왜 임금에 차이가 나나요?

Q2. 여자와 남자에게 각각 어울리는 일이 따로 있나요?

Q3. 경력이 단절되는 사람들은 왜 주로 여성인가요?

노동을 하고, 소득을 얻고, 소득으로 필요한 물건을 사거나 저축하는 등 재화와 서비스를 생산, 소비하는 과정에 연관되는 모든 활동을 '경제활동'이라고 합니다.

어른이 되면 우리는 모두 어떤 방식으로든 경제활동을 하며 살아가게 되는데요. 저도 스무 살이 되던 해 처음으로 아르바이트를 했어요. 그때 제일 먼저 든 생각이 '내가 노동, 일, 임금과 같은 경제적 문제에 대해서는 전혀 아는 것이 없구나!' 하는 것이었어요. 학교에선 노동과 경제활동 같은 현실적 문제에 대해 제대로 배운 적이 없었으니까요.

이번 장에서 이야기할 것은 '꿈'에 관한 이야기가 아닙니다. '직업'에 관한 이야기도 아닙니다. 사회에 나가 어떻게 살 것인가에 관한 매우 구체적이고 현실적인 이야기, 노동과 경제활동에 관한 이야기를 젠더 감수성을 바탕으로 해보겠습니다.

여성은 집안일,
남자는 바깥일?

　과거에는 여성의 일과 남성의 일이 지금보다 훨씬 뚜렷하게 나뉘어 있었습니다. 예를 들면 '여성은 집안일, 남성은 바깥일'을 들 수 있겠네요. 이렇게 이분화된 성별 프레임은 여성의 삶에서 구체적으로 '여자는 시집만 잘 가면 된다', '여자가 배워서 뭐 하냐', '여자는 집안일이나 해라'라는 차별로 연결됩니다. 옛날에는 식구도 많았고, 가난했고, 집안일 할 사람도 필요했고, 무상급식·의무교육도 아니었으니 여성들은 아주 어린 시절부터 교육에서 배제되는 일이 빈번하게 발생했었죠.

　불과 수십 년 전만 해도 여성들은 경제활동에 있어서 무수한 차별을 겪었어요. 오빠나 남동생들이 학교에 가는 모습을 담벼락 밑에서 지켜보며 눈물을 흘리고, 어렸을 때부터 아궁이에서 집안 어르신들 밥을 하는 건 다반사였지요. 학교를 그만두고 가사에 보탬이 되기 위해 공장에 취직한 일, 한글을 몰라 주변으로부터 몇 번씩이나 사기를 당했던 일, 어렵게 결혼해 낳은 자식들을 학교에 보내면서 글을 모르는 엄마라는 사실을 들킬까 평생을 노심초사하며 살아온 일, 간판을 읽을 수 없어 길을 잃거나 글을 몰라 은행 업무에서 겪어왔던 어려움은 밤을 새우고도 다 열거하지 못할 정도입니다.

별거 아닌 걸로 보이는 '여자는 집안일'이라는 프레임은 이렇게 개인의 생애주기 전반에 걸쳐 영향을 미치는 구조의 문제로 연결됩니다. 이렇게 사회의 관습과 고정관념은 우리 삶에 구체적으로 개입하여 작동하고 있습니다.

그런데 여러분, 놀라지 마세요. 이 극단적인 예가 다 과거만의 이야기가 아니라는 사실! 약간의 변화가 있을 뿐 이 프레임은 오늘날에도 그대로 작동하고 있습니다. 집 안팎으로 나뉘었던 구도가 그대로 집 밖으로 이동했을 뿐이죠.

남녀 임금 격차로 이어지는 성별 직종 분리

'성별 직종 분리'란 말 그대로 남성과 여성이 다른 직종에 종사하게 되는 경향을 뜻하며, 어떤 성별이 특정 직종에 밀집

되거나 배제되는가를 보여줍니다. 이러한 현상은 성별 고정관념의 대표적 프레임인 '남성은 의사, 여성은 간호사'라는 식의 직업 고정관념과도 밀접하게 연관되는데요. 이는 중심적·주도적 역할은 남성이 담당하고, 주변적·보조적 역할은 여성이 담당하는 것이 당연하다고 생각하는 고정관념을 말합니다. 누군가는 요즘 세상에 성별 직종 분리가 어디 있냐고 하겠지만, 여전히 '국내 최초 여성 ○○○!', '국내 최초 남성 ○○○!'이라는 뉴스 기사가 심심치 않게 나오는 것을 보면 아직도 특정 성별이 어색하고 낯선 직업들이 많은 것 같습니다.

경제 전문가들은 지난 20년간 성별 직종 분리가 전반적으로 계속 악화했다고 지적하며 특정 분야의 산업이나 직업에 더 집중되는 성별이 있다고 말합니다. 물론 과거에 비해 여성들이 경제활동에 더 많이 참여하게 되었고, 남성들이 대부분이었던 일부 전문직에 여성들이 활약하고 있는 것도 사실입니다. 그러나 몇몇 여성의 약진만으로 여성 전체의 노동환경이나 직업 구조가 변화했다고 보기는 어렵습니다.

2020년 상반기에 통계청에서 실시한 조사를 보면, 성별 직종 분리 현상이 여전히 노동시장에서 강력하게 작동하고 있는 것을 볼 수 있습니다. 남성은 여성보다 상대적으로 몸을 쓰는 일이나 험한 일, 힘든 일하기를 요구받고, 여성은 남성보다 안전하고 수동적인 일, 또는 돌봄노동과 감정노동 서비스 분야에서 많이 일하고 있습니다. 과거에 '바깥일'이라고 불리던 노동시장에 여성이 진입하여 일하고 있는 것은 사실이지만, 여전히 돌봄노동이나 주변적 일을 많이 담당하는 것이 여성의 노동 현실입니다.

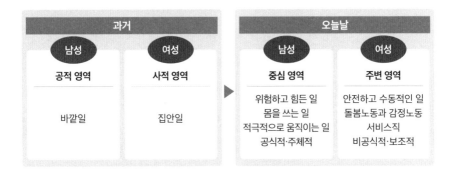

이렇게 다른 일을 하더라도 평등한 처우를 받고 있다면 문제가 없지만, 성별 직종 분리 현상의 '진짜' 문제는 일하는 분야나 직업이 소득에 직접적인 영향을 주는 데 있습니다. 가령 남성이 주로 일하는 직업군은 고소득 직종에, 여성이 주로 일하는 직업군은 저소득 직종에 집중적으로 분포해 있다면 성별 직종 분리는 곧 임금 격차로 이어지죠. 이렇게 되면 여성은 아무리 공부를 많이 하고 소위 말하는 '스펙'을 쌓아도 고소득 일자리를 얻을 수 없다는 비관적 생각이 들 수밖에 없습니다. 그래서 성별 직종 분리 현상은 곧 그 사회의 경제적성 불평등 수준을 들여다볼 수 있는 척도가 되기도 합니다.

세계가 주목하는
한국의 남녀 임금 격차

임금은 노동에 따른 대가로, 노동하는 모든 인간은 그에 상응하는 보상을 받습니다. 그리고 임금은 인간의 생존뿐만 아니라 삶의 질과 만족도와 직결되는 매우 중요한 척도가 되지요.

우리는 지금 젠더 관점으로 경제활동에서의 성차별 문제를 들여다보고 있습니다. 앞서 성별 직종 분리의 문제에 대해 살펴보았고, 두 번째로 다룰 주제는 '노동에 따른 남녀 임금의 차이'입니다.

통계로 본 남녀 임금 격차

국가는 부처별로 국민의 삶에 관한 다양한 통계와 지표를 조사하여 공개하는데요.[11] 우리는 그중에서도 매년 '남성 대비 여성 임금 비율'을 주목하여 살펴보겠습니다. 이 지표의 임금 비율은 상용근로자 • 1인 이상 사업체에 종사하는 정규직·비정규직 근로자의 월 임금 총액을 분석한 고용 형태별 근로 실태조사의 결과로, 대략적인 남녀 임금 비율을 파악해 볼 수 있습니다. 아! 그런데 모든 여성과 남성이 이 표에 나타난 것처럼 똑같이 차이가 나는 것은 아니라는 사실도 놓치면 안 되겠습니다. 상용근로자의 월 임금 총액을 성별로만 나누었기 때문에 한 사업장 안에서 지위 고하나 경력 등의 변수를 모두 고려하지는 못했거든요. 예컨대 여성 고위 관리직은 해당되지 않을 수 있다는 거죠. 대략적인 합산과 평균치를 보여준다고 이해하면 되겠습니다.

표를 보면 2012년부터 2021년까지 10년간의 남성 대비 여성 임금 비율을 볼 수 있습니다. 2012년 181만 5,000원이었던 여성의 월 임금 총액은 2021년 247만 6,000원으로 약

• **상용근로자** 근로계약 기간이 1년 이상인 근로자 또는 특별한 고용계약 없이 기간이 정해져 있지 않더라도 계속 정규직원으로 일하면서 상여금, 퇴직금 등을 받는 근로자를 말합니다.

남성 대비 여성 임금 현황

연도	여자	남성대비비율	남자
	월임금총액		월임금총액
2012	181만 5,000원	61%	297만 4,000원
2013	187만 3,000원	60.5%	309만 5,000원
2014	192만 5,000원	59.8%	321만 8,000원
2015	194만 4,000원	59.5%	326만 9,000원
2016	204만 원	60.6%	336만 4,000원
2017	211만 2,000원	61.5%	343만 3,000원
2018	225만 9,000원	63.3%	356만 9,000원
2019	237만 1,000원	64.4%	368만 2,000원
2020	240만 8,000원	64.7%	372만 2,000원
2021	247만 6,000원	64.6%	383만 3,000원

남성 대비 여성 임금 비율: 남성 근로자의 임금을 100으로 볼 때 여성 근로자의 임금이 차지하는 비율을 의미합니다. 남성 대비 여성 임금 비율은 우리나라 여성의 경제적 지위와 UNDP[13] 여성권한척도를 나타내는 중요 지표로 매년 분석하여 여성인력의 경제활동 참여 촉진 및 지위 향상을 위한 정책 방향의 기본자료로 활용하고 있습니다. 계산 방법은 다음과 같습니다.

$$\frac{\text{여성 월임금총액}}{\text{남성 월임금총액}} \times 100$$

66만 원가량 증가했고, 남성 또한 2012년 297만 4,000원에서 2021년 383만 3,000원으로 85만 원가량 증가했습니다. 그런데 여러분! 표를 자세히 보세요. 여성의 2021년 월 임금총액(247만 6,000원)은 무려 10년 전인 2012년의 남성 월 임금총액(297만 4,000원)보다 훨씬 더 낮고요. 남성 대비 여성의 임금 비율은 2021년에도 64.6%에 불과합니다. 2014년, 2015년에는 이 비율이 59%대로 내려가기도 했어요.

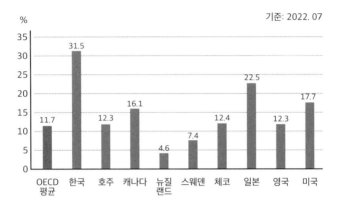

OECD 회원국 남녀 임금 격차

기준: 2022. 07

%

- OECD 평균: 11.7
- 한국: 31.5
- 호주: 12.3
- 캐나다: 16.1
- 뉴질랜드: 4.6
- 스웨덴: 7.4
- 체코: 12.4
- 일본: 22.5
- 영국: 12.3
- 미국: 17.7

남녀 임금 격차에 대한 국제사회의 자료도 함께 살펴볼까요? 2020년 기준 OECD 평균 남녀 임금 격차가 11.7%이니 한국(31.5%)은 OECD 주요 회원국 중 남녀 임금 격차가 가장 큰 국가입니다. 일본은 22.5%, 미국은 17.7%입니다.

초등교육에서도 배제되던 여성들의 대학 진학률이 남성을 앞서게 된 지는 이미 오래입니다. 전문가들은 2010년 이후 눈에 띄게 여성의 대학 진학률이 앞섰다고 분석합니다. 2021년 일반계 고교 1,814개교의 대학 진학률은 남학생이 76.8%, 여학생이 81.6%로 여학생이 남학생보다 4.8% 높은 것으로 나타났습니다.[12] 약간씩 차이가 있지만 전국의 모든 지역에서 여학생의 대학 진학률이 앞서고 있죠. 이렇게 사회가 변했는데도 남성과 여성의 임금 격차는 왜 이리 벌어져 있는 걸까요?

남자들은 하지 않는 고민,
경력 단절

잠시 눈을 감고 상상해 봅시다. 여러분은 청소년기를 거쳐 비청소년이 되었습니다. 하고 싶은 분야의 공부를 마치고 어느 정도 수입이 보장되는 직업도 갖게 되었습니다. 그리고 이제 막 30대가 되었습니다. 자, 주변 사람들은 이제 여러분에게 무엇을 기대하게 될까요? 네, 아마 '결혼'을 기대할 겁니다. 결혼 다음에는 또 무엇을 기대하려나요? 그렇죠. 아이를 낳으리라고 예상하고 '애는 언제 낳냐?', '2세 계획은 어떻게 되냐?'라는 식의 질문을 받게 될 겁니다. 이 질문에 있어서는 남녀 모두 자유롭지 않지만 막상 아이를 임신하고 출산하는 것은 명백히 여성의 몸에서 일어나는 일이라서 여성들은 훨씬 더 고려하고 준비해야 할 것이 많습니다.

아, 물론 이런 식의 생애주기는 예상 시나리오일 뿐입니다. 모두가 이 시나리오대로 살 필요도 없고 그럴 수도 없죠. 그렇지만 대부분의 사람이 이 예상 시나리오를 당연하게 수용하면서 그것이 '평범한 삶'이라고 여기며 살아오기를 반복했습니다.

여성의 경력 단절 요인

전문가들은 남녀의 임금 격차가 현저히 벌어지는 주요 원인으로 여성의 출산과 육아로 인한 '경력 단절'을 꼽고 있습니다. 경력 단절은 말 그대로 본인이 해오던 직업의 경력이 잠시 중단되거나 완전히 끊기는 것을 의미하는데요. 출산이나 육아, 또는 돌봄노동으로 원래 일하던 분야에서의 경력 단절을 경험한 여성이 다시 사회로 나와 재취업하는 경우, 과거에 일했던 분야나 직급으로의 재진입은 거의 불가능하고, 직급이 낮고 고용 안정성이 떨어지는 비정규직이나 시간제 노동 등을 감수할 수밖에 없기 때문에 임금이 낮을 수밖에 없다는 겁니다.

2022년 통계청이 발표한 기혼 여성의 고용 현황을 보면 여성이 경력 단절되는 주요 요인을 알 수 있습니다. 가장 큰

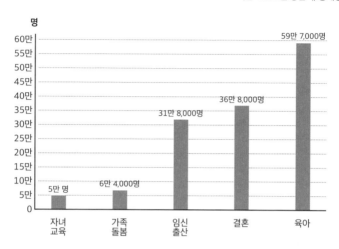

각 사유별 경력 단절여성

기준: 2022년 상판기, 통계청

명

- 60만 — 59만 7,000명
- 55만
- 50만
- 45만
- 40만
- 36만 8,000명
- 35만
- 31만 8,000명
- 30만
- 25만
- 20만
- 15만
- 10만
- 6만 4,000명
- 5만 명
- 5만
- 0

자녀 교육 / 가족 돌봄 / 임신 출산 / 결혼 / 육아

지역별고용조사 기혼 여성의 고용 현황(2022년 상반기 통계청)

요인은 '육아'와 '결혼, 임신·출산'을 포괄하는 여성의 재생산● 때문입니다. 가족 돌봄과 자녀 교육 등 가정 내 돌봄도 다섯 손가락 순위 안에 듭니다.●

어렵게 들어간 직장에서 이렇게 많은 여성이 스스로 나올 수밖에 없다니, 그것도 임신과 출산, 가족 돌봄이 그 원인이

- **여성의 재생산** 임신·출산에 해당하는 모든 행위를 말합니다.
- 2020년부터 전 세계를 강타한 코로나19 팬데믹 사태 또한 이 조사에 일정 정도 영향을 미쳤습니다. 팬데믹의 장기화로 국가가 해결하지 못하는 돌봄 공백은 여성들이 메꿔야 했습니다.

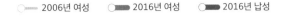

성별 및 연령별 고용률

○ＯＯＯ 2006년 여성 ◐ＯＯ 2016년 여성 ● 2016년 남성

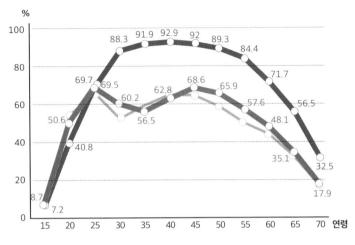

'통계로 보는 우리나라 노동시장의 모습', 고용노동부, 2017.12.

라니, 이게 오늘날 일어나고 있는 일이라니! 놀랍지 않나요? 건강 등 일신상의 이유, 학업이나 연수 등 역량 강화 요인은 매우 희박하여 순위권 안에 들지도 못했습니다. 이를 가장 쉽게 비교 분석할 수 있는 것은 남성에게도 이러한 현상이 드러나는가를 보면 되겠지요.

2017년 12월 고용노동부가 발간한 '통계로 보는 우리나라 노동시장의 모습'에 따르면 성별·연령별 여성 고용률은 'M자형'으로 나타납니다. 여성들은 20대 중반부터 출산·육아 등의 이유로 고용이 감소하고 30대 후반에 최저점을 통과해 이후 50대 초반까지 상승하는 형태인데요.[14] 2017년의 M자형 모양을 2006년 M자형 모양과 비교해 보면 오른쪽으로 상승하며 이동한 것을 볼 수 있습니다. 여성들의 결혼·출산 시기가 늦어지면서 드러난 변화라고 볼 수 있죠. 그런데 같은 연령대의 남성들은 어떤가요? 그렇지 않지요? 이렇게 고용률이 다른 형태를 보이는 것을 우리는 어떻게 분석할 수 있을까요?

이렇게 여성은 임신·출산을 이유로 경력이 단절되었다가 일정 시간 이후 다시 노동시장에 재진입하게 되는 일이 구조화되어 있습니다. 이는 여성이 임신할 수 있는 몸을 가진 생물학적 성sex 때문인가요? 아니면 임신·출산·양육과 관련한 역할을 여성에게 지우는 사회문화적으로 구성된 성gender 때문인가요? 생물학적 성이 고용률, 임금 격차 등의 결과를 필연적으로 가져오는 것인가요? 그렇다면 그건 어쩔 수 없는 일인가요? 오늘날 한국의 경제활동 구조는 성평등한 걸까요?

지난 2017년 한국은행은 여성의 경제활동 참여율이 1% 증가하면 출산율이 약 0.3~0.4% 상승한다는 분석을 내놓았습니다. 이는 여성의 경제활동이 원활한 국가일수록 일과 가정을 양립할 수 있는 환경 조성과 남녀의 가사 분담이 평등해졌다는 것을 의미합니다. 국가는 이러한 측면에서 여성의 경력단절을 예방하고 경력이 단절된 이후 여성의 재취업 및 고용의 질 개선을 위한 다양한 정책을 추진하고 있습니다. 기업들도 뒤질세라 가족 친화적 기업문화를 조성함으로써 경력 단절 문제를 해결하기 위해 노력하고 있습니다.

경력 단절? 경력중단? 경력보유?

현행법은 혼인·임신·출산·육아와 가족 구성원의 돌봄 등을 이유로 경제활동을 중단했거나 경제활동을 한 적이 없는 여성 중에서 취업을 희망하는 여성을 '경력 단절 여성(소위 '경단녀')으로 규정하고 있습니다.

국회 환경노동위원회 소속 진성준 더불어민주당 의원은 '경력 단절'이라는 용어가 내포하는 부정적 의미는 여성들을 위축시킬 뿐 아니라 경력이 단절된 기간의 육아, 가사, 간병 등 돌봄노동이 그 가치를 인정받지 못하는 측면이 있기 때문에 경력 단절 여성의 권익 증진이라는 사회적 관점의 전환과 인식 개선, 나아가 여성들의 돌봄노동이 정당하게 평가받는 환경을 만들어야 할 것이라며 법 개정안을 발의했습니다[15].

실제 경기도와 안양시, 서울 성동구 등 일부 지자체에서 '경력 단절 여성'을 '경력 보유 여성'으로 개정하고 여성의 돌봄노동을 경력으로 인정할 수 있도록 하는 조례 개정 노력이 이어지고 있습니다. 법적인 개정 외에도 경력이 단절된 것이 아니라 잠시 중단된 것뿐이라며 '경력 중단'으로 사용하자는 움직임이 있기도 합니다.

보이지 않는 천장이 있다고요?
유리천장

유리천장glass-ceiling index이란 경제, 정치 등 사회의 주요 분야에서 여성이 고위직으로 올라가는 데 보이지 않는 천장이 존재한다는 것을 뜻하는 말입니다. 겉으로는 누구든 높은 직급으로 승진해 올라갈 기회가 보장된 것처럼 보이지만 실제로는 충분한 능력을 갖추었음에도 고위직으로 승진하기 힘든 여성들의 구조적 현실을 빗댄 표현입니다. 최근에는 특정 성별이나 연령, 인종, 장애인 등 사회적 소수자들이 고위직에 진출하는 데 발생하는 어려움을 뜻하는 표현으로도 사용됩니다. 이번 기회에 잘 알아두면 도움이 될 것입니다.

유리천장 현상은 한국뿐만 아니라 전 세계 모든 국가에서 나타나고 있습니다. OECD가 매년 '3.8 세계 여성의 날'●에 29개 회원국을 대상으로 '유리천장지수 Glass-Ceiling Index'를 조사하여 발표하는 것을 보면 알 수 있습니다. 이를 보면 대부분의 나라에서 관리직 여성의 비율이 낮은데요. 이는 여성이 경제활동에 활발하게 참여하고 남성과 교육 수준이 동등한 나라에서도 마찬가지입니다. 결국 유리천장은 여성 개인의 한계나 어려움이 아니라 사회 구조적인 문제라고 볼 수 있는 거죠. 유리천장지수는 일련의 여성 노동환경 지표를 종합적으로 평가해 매긴 평점입니다.

2019년 기준 OECD 평균은 100점 만점에 60점이었으며 1위는 80점을 넘은 아이슬란드가 차지했고, 스웨덴, 핀란드, 노르웨이 등이 뒤를 이었습니다. 한국은 20점을 받았고,

---

● **3.8 세계 여성의 날** '빵과 장미'로 상징되는 세계 여성의 날은 여성의 지위 향상을 위해 유엔에서 정한 기념일입니다. 1908년 3월 8일 미국의 여성 노동자들이 근로 여건 개선과 참정권 보장을 요구하며 시위를 벌인 것이 계기가 되었습니다. 1911년 유럽에서 첫 행사가 개최된 이후 전 세계로 퍼졌고, 유엔에서 1975년을 '세계 여성의 해'로 지정하고 1977년 3월 8일을 특정해 '세계 여성의 날'로 공식화함으로써 기념하게 되었습니다. 한국에서는 1985년부터 관련 행사를 해왔으며 2018년부터 법정기념일로 지정해 '여성의 날'로 기념하고 있습니다.

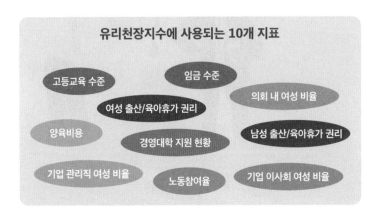

유리천장지수에 사용되는 10개 지표

고등교육 수준
임금 수준
의회 내 여성 비율
여성 출산/육아휴가 권리
양육비용
경영대학 지원 현황
남성 출산/육아휴가 권리
기업 관리직 여성 비율
노동참여율
기업 이사회 여성 비율

2013년부터 2017년까지 5년 연속 유리천장지수 최하위를 기록하고 있습니다. 우리나라 외에도 최하위 26~28위는 스위스, 튀르키예, 일본이 자리했습니다. 하위 4개 나라의 순위는 10년째 모두 같은데요. 영국의 시사주간지 〈이코노미스트〉는 이러한 결과를 두고 "여전히 여성이 가족이나 일 가운데 하나를 선택해야 하는 일본과 한국은 매년 최하위 자리를 채우고 있다."고 분석했습니다.

유리천장의 실태, 원인, 해결책

여성가족부에 따르면 2021년 상장법인 2,246개 중에서 여성 임원이 있는 기업이 겨우 5.2%(117개)에 불과하고, 여성

임원이 한 명도 없는 기업이 63.7%(1,431개)나 됩니다. 이는 일하는 여성이 임원이 되는 것을 꿈도 꿀 수 없는 곳이 10곳 중 6곳 이상이라는 뜻이지요. 나머지 36.3%의 기업은 여성 임원이 1명 이상으로 남녀 임원이 모두 있는 기업이지만, 여성 임원 비율이 50% 이상인 기업은 8개에 불과했고, 남성 임원이 한 명도 없는 기업은 단 한 곳도 없었습니다.

꽤 많은 여성 직장인이 회사 안에서 실제로 유리천장을 느낀다고 합니다.* 같은 질문에 남성들이 26.4%가 유리천장이 있다고 답한 것과 비교하면 거의 두 배가량 높게 나타났는데요. 실제로 유리천장으로 인한 불이익(남성 동기보다 적은 연봉, 늦은 승진, 직책 임명에서의 누락과 주요 프로젝트에서 제외 등)을 경험한 적이 있었는지에 대해서는 여성의 33%가 경험이 있다고 응답했습니다.

유리천장이 발생하는 원인에 대해 응답자들이 핵심으로 지적한 것은 남성중심적 조직문화와 출산·육아 등의 돌봄 지원 부족에 관한 것이었습니다. 현 직장에서 본인이 '예상하는 최종 직급'도 성별에 따라 확연한 차이가 있었는데요. 남성은 부장을 예상한다고 응답한 비율이 1위였던 반면, 여성은 대리를

• 취업포털 '사람인'이 직장 내 유리천장 현황을 설문 조사한 결과 여성 직장인 중 48.1%가 유리천장을 체감한다고 답했습니다.

유리천장 발생 원인 응답률

구체적 내용	비율(%)
남성중심의 조직 문화	51.7
출산·육아 등에 대한 제도적 지원 부족	44.9
성역할에 대한 고정관념	37.0
여성의 능력에 대한 무시 및 편견	24.9
여성 스스로의 의지 부족	24.1
여성 사회활동에 대한 견제	15.7

가장 많이 예상했죠.[16] 이로 볼 때 과거에 비해 출산, 육아, 교육, 돌봄 등에 막대한 예산과 관심이 투입되는 것은 사실이지만 여전히 여성들의 노동 현실은 달라지지 않고 있다는 점을 알 수 있습니다.

유리천장은 단순히 개인의 승진과 지위의 문제가 아닙니다. 더 높이 오르려는 개인의 욕망으로 해석하면 문제를 근본적으로 볼 수 없습니다. 유리천장은 구조적 성차별로 직결되는 중요한 문제이기 때문에 국가가 개입하고 전 세계가 개선하려고 노력하는 것입니다. 우리가 사회에 나가 직장생활을 하다가 겪는 '나의 일'이라고 생각하면 보다 눈을 열고 이 문제를 보게 될 것입니다.

그렇다면 유리천장을 없애기 위해 가장 필요한 것은 무엇일까요? 같은 조사에서 이를 묻는 말에 '공정하고 투명한 진급 절차'가 52%로 1위를 차지했습니다. 이어 일과 육아의 양립을 위한 인프라 조성(44.5%), 남성중심의 조직 문화 타파(37.8%), 여성 고위직 진출에 대한 사회적 인식변화(30.7%) 등의 의견도 있었습니다. 어느 것 하나 버릴 것 없는 소중한 의견들입니다. 여러분은 어떻게 생각하나요? 어떤 부분이 해결되면 유리천장이 해소될 수 있을까요?

이건 채용 성차별이에요

'공정'에 관해 매우 예민한 한국 사회에서 2018년 '채용 성차별'에 관한 기사가 연이어 보도되었습니다. 금융감독원이 국내 주요 은행들을 대상으로 실시한 채용 적정성 검사에서 K은행이 2015년 상반기 행원 채용에서 성차별을 저지른 정황이 발견된 것이죠.[17]

서류 심사에서 여성 합격자 비율이 높게 나타나자 남성 합격자 비율을 높이기 위해 남성 지원자들의 자기소개서 평가 등급을 올리거나 내리는 방식으로 점수를 임의로 조작한 것인데요. 이 과정에서 남성 지원자 113명의 점수가 올라가 합격했고, 반대로 합격권에 있던 여성 지원자 112명이 점수가 낮아지면서 불합격 처리된 것으로 밝혀졌습니다. 이 외에도 2015년부터 2017년까지 인턴과 행원 채용에서 수백 명의 서류·면접 점수를 조작해 청탁 대상자를 선발한 혐의까지 받으면서 K은행을 향한 비판의 목소리가 들끓었습니다.

소문으로만 떠돌던 채용 성차별을 직접 확인한 여성들의 분노와 좌절은 이루 말할 수 없었습니다. 회사가 일방적으로 점수를 조작해 합격자가 불합격자로, 불합격자가 합격자로 뒤바뀌는 상황이라니 얼마나 억울하고 화가 났을지 짐작이 됩니다. 그야말로 여성이라서 당한 일이었죠. 결국 K은행은 「남녀고용평등법」 위반으로 재판을 받았고 벌금을 선고받았습니다.• 언론과 대중은 '돈 몇 푼이면 성차별해도 되냐'면서 솜방망이 처분에 계속해서 문제를 제기했고요.

금감원 조사 결과 K은행에 이어 H은행과 S카드도 채용에서 성차별이 있었던 것으로 드러났습니다.[18] H은행은 남녀 채용 비율을 아예 정해 놓고 채용 절차를 시작했고, 남성을 여성보다 더 뽑으려는 바람에 여성과 남성의 합격점이 심하게 벌어지는 일이 생기기도 했습니다.• 또 2013년에는 여성

• 2018년 11월 1심 재판부는 유죄를 인정하여 K은행에게 '벌금 500만 원'을 선고했습니다.
• 여성의 합격점은 467점, 남성의 합격점은 419점이었습니다.

지원자만 서류 심사 합격선을 크게 높여 고의로 떨어뜨렸고, 상반기 남녀 비율이 무려 10.8 대 1, 하반기 5.5 대 1을 기록하기도 했습니다. H은행 지원자의 남녀비율은 1.3 대 1로 비슷했는데 말이죠.

S카드 또한 '2018년 신입 사원 공개 채용' 1차 서류전형 심사에서 남녀 성비를 7대 3으로 맞추기 위해 남성 지원자들의 점수를 조작하여 여성 지원자 92명을 부당 탈락시킨 일이 발각되어 벌금형이 선고되었습니다.[19] S카드는 '전산 시스템 개발이나 외부 업체 영업, 야간·휴일 근무가 남성에게 더 적합하기 때문'이라고 주장했지만, 재판부는 '이는 남녀 고정관념에 근거한 것으로 정당한 이유가 있다고 보기 어렵다'고 지적했습니다. 「남녀고용평등법」 7조 1항은 "사업주는 근로자를 모집하거나 채용할 때 남녀를 차별하여서는 아니 된다."고 규정하고 있습니다. 하지만 채용 성차별이 드러나더라도 처벌 수위가 최대 500만 원 이하의 벌금에 그치고 있어서 보다 강한 처벌이 필요한 실정입니다.

왜 채용 성차별은 멈추지 않는가

여성들은 남성들과 달리 회사의 직원 채용 면접에서 혼

인·출산 여부나 남자 친구, 군대 문제와 페미니즘 등 업무와 관련 없는 질문을 받기도 했는데요.[20] 바로 옆자리에 앉아 있는 남성 면접자들과 동등한 자격으로 채용을 요구하는 여성에게 이러한 질문을 하는 것은 심사위원들이 여성을 어떤 존재로 인식하고 있는가를 보여줍니다.

채용 과정에서 여성이 면접관으로부터 받은 질문들

"남성들이 군대에 다녀온 것에 대해 가산점 받는 것을 어떻게 생각하십니까?"

"여자는 군대 안 가니 남자보다 월급을 적게 받는 것에 동의하십니까?"

"페미니스트가 아닌 사람을 뽑으려고 하는데, 본인은 페미니스트인가요?"

"페미니즘에 대해서 의견을 말해주세요. 얼굴 톤을 봐야 하니 마스크를 벗어주세요."

"결혼과 출산은 언제 어떻게 할 계획인가요? 현재 사귀는 애인이 있나요?"

"직장에서 커피를 타오라면 어쩌겠습니까?"

"상사로부터 성차별을 당하면 신고할 건가요?"

여러분이라면 위와 같은 질문에 어떻게 대답하겠습니까?

채용 과정에서 이러한 불합리한 일들에 모멸감과 수치심을 느낀 여성 면접자들이 문제를 제기하면서 이는 사회적으로 가시화되었습니다. 왜 이런 일이 반복되는 걸까요? 서류심사나 학업 등에서 남성들을 앞선다는 평가를 받는 여성들의 활약에도 불구하고 왜 기업들은 여성보다 남성을 더 뽑고 싶어 할까요? 왜 여성들은 남성은 받지 않는 질문을 받는 걸까요? 적발되면 사회적으로 질타와 뭇매를 맞는데도 불구하고 말이죠. 네, 이유가 있을 겁니다. 이에 대해 주목해 보아야 채용 성차별 문제를 해결할 실마리를 찾을 수 있을 겁니다.

채용에서 이러한 부당한 일을 겪는 것은 단순히 '여성'이라서가 아닙니다. '어떤 여성'인지가 중요하죠. 결국 기업이 노동시장에 진입하려는 2~30대 여성을 어떻게 인식하는지가 관건이라고 할 수 있습니다. 기업은 이 시기에 들어선 여성 전체를 '곧 결혼할', '언젠가는 임신·출산·육아를 해야 할', '남성과 비교하면 돌봄노동에서 자유롭지 않은' 존재로, 다시 말하면 '가임기 여성'으로 규정하고 있는 것입니다. 그러니 이왕이면 출산과 육아 때문에 회사를 그만둘 생각을 하지 않을 남성을 뽑고, 이왕이면 자녀나 부모님, 장애인 등 약자를 돌볼 책임으로부터 상대적으로 자유로운 남성을 뽑고 싶어 하는 것이죠. 우리 사회에는 이러한 남성중심적 의도를 포장할 아주 오래되고 좋은 핑계도 있습니다. '남성은 가장

이니까', '여성보다 남성의 임금이 더 높으니까' 등의 가부장적 사고가 이 모든 현상의 가장 밑바닥에 여전히, 잔잔히, 그러나 강력하게 흐르고 있습니다.

또 고용노동부는 2022년 9월 한 달간 주요 취업 사이트의 구인 광고 1만 4,000여 건 중 성차별적 표현을 담은 채용 문구 924건을 적발하였습니다.[21] 예컨대 '키 172센티 미터의 훈훈한 외모'나 '35세 이하 여성'처럼 신체·외모 기준을 제시하거나 '생산직 남직원'이나 '주방 이모' 등 특정 성별만을 채용하거나 같은 업무의 남녀 간 급여를 다르게 제시한 사례가 이에 해당합니다.

채용 광고 시 성차별적 표현 주요 위반 사례		
키 172cm 이상 훈훈한 외모	여성 우대	주방 이모
주방(남), 홀(여)	생산직 남직원	포장 업무 (남 ××××원, 여 ××××원)

「남녀고용평등법」 7조 2항에는 "직무수행에 필요하지 않은 용모·키·체중 등을 요구해선 안 된다."고 규정하고 있습니다. '채용'은 조직문화의 첫 단추라고 할 수 있습니다. 어

떤 사람들이 어떤 생각을 가지고, 어떤 사람들을, 어떻게 채용하는가는 해당 조직 전체가 어떤 조직문화와 구조를 갖게 되는지를 좌우하는 매우 중요한 시작점이 됩니다. 여기에서부터 변화가 필요합니다.

'여성할당제'는 역차별이라고요?

    청년 실업에 관한 사회적 관심이 높아지고 심각한 취업 경쟁으로 과도한 스트레스와 우울, 자살, 은둔 등의 심리적 문제가 대두된 오늘날, 채용은 취업 준비생뿐만 아니라 경제활동을 하는 모든 사람에게 매우 예민하고 중요한 문제일 것입니다.

    우리 사회에서는 2019년부터 '여성할당제'●에 관한 역차별 논쟁이 본격화되었는데요. 개인의 능력을 바탕으로 한 취업 경쟁에서 여성의 자리를 미리 할당해 빼놓기 때문에 이는 남성에 대한 역차별이라고 분노하는 젊은 남성들, 소위 '이대남(20대 남성을 일컫는 신조어)'의 표심을 얻기 위해 일부 정치인들은 '여성할당제 폐지'를 대표 공약으로 걸기도 했습니다. TV 토론 프로그램에서 '여성할당제, 성평등이다 VS 역차별이다'라는 주제로 토론회가 열린 적도 있고요.

그러나 사실 국내 사기업에서는 '여성할당제'로 불릴 만한 제도가 현재까지는 없습니다. 다만 2020년 8월 「자본시장법」을 개정하면서 자산 총액이 2조 원 이상인 법인의 이사회 구성원을 '특정 성'만으로 구성하지 않아야 한다고 정했습니다. 즉 이사회의 임원 구성에 1명 이상의 여성을 반드시 포함해야 한다는 규정인데요. 국내 기업들의 이사진 성별이 남성에 심각하게 치우쳐 있는 현 상황을 고려하면, 일반 기업의 여성할당제 도입은 이제 막 걸음마를 뗀 수준으로 보아야 합니다. 더구나 이사회 임원 구성에 관한 규정이니 채용에 직접적 영향을 미치지도 못하지요.

공무원 채용은 어떨까요? 2003년부터 공무원 채용에 도입된 '공무원 양성평등 채용목표제'는 여성할당제와는 조금 다른 맥락이 있습니다. 여성 합격자의 비율을 정해둔 것이 아니라 남녀를 막론하고 어느 한쪽 성별의 합격자가 30%가 되지 않을 때, 해당 성별 응시자를 추가 합격시켜 최소한 30% 수

- **여성할당제** 여성의 사회·공직 진출을 위해 여성에게 일정 비율 이상의 자리를 할당하는 제도를 말합니다. 남성중심적 사회문화와 정치구조에서 여성의 사회 진출이 어려운 점을 고려해 이를 개선하기 위한 장치로 북유럽을 비롯한 많은 나라에서 이를 실시하고 있습니다. 우리나라에서는 「양성평등기본법」에 의거한 '적극적 조치'의 대표적 제도로 여겨지며, 구조적 차별을 개선하기 위한 국가의 역할이자 책임으로 보고 있습니다.

준을 유지하는 제도입니다. 누군가를 떨어뜨리는 방식이 아니라 부족한 성별을 추가로 합격시켜서라도 최소한의 성별 균형을 맞추려 노력하는 데 궁극적 목적이 있습니다.

있지도 않은 역차별 논쟁

성별할당제가 남성을 역차별하는 제도로 지적받으려면 할당제 때문에 남성이 채용에서 불리한 위치에 놓이거나 실제 남성 합격자가 여성에 비해 월등히 적어야 성립될 것입니다. 하지만 양성평등 채용목표제의 실제 통계 자료를 보면 왜 역차별 논쟁이 무의미한지 알 수 있습니다. 공무원 공채 시험 등에서 여성 합격률이 남성 합격률과 동일하거나 넘어서면서부터는 주로 남성 응시자들이 이 제도의 혜택을 받고 있기 때문입니다. 양성평등 채용목표제 통계들을 보면 애초에 '여성할당제'의 성격을 띠고 실시되었던 이 제도가 '남성할당제'로 작동하고 있는 사실을 볼 수 있습니다.

상황이 이런데도 성별할당제가 역차별을 유발한다고 볼 수 있을까요? 공무원 채용 사례에서 보는 바와 같이 적극적 조치는 차별적이었던 과거 사회문화와 구조에서 벗어나 성별에 관계없이 누구에게나 동등한 기회를 주는 제도입니다. 한국

양성평등 채용목표제 결과

양성평등 채용목표제로 추가 합격한 성별 인원(2003~2019)

국가직	지방직
남성 211명 / 여성 348명	남성 1,898명 / 여성 1,317명

뿐만 아니라 전 세계적으로도 정치, 경제, 문화 등 사회 주요 영역에서 여성할당제 도입을 비롯한 여러 가지 성별 균형에 관한 개선 과제들이 도입되고 있습니다.

물론 눈에 보이는 숫자만으로 차별과 평등을 가늠할 수는 없습니다. 또 기업이 할당제의 본래 의도인 '최소' 기준을 '최대'로 왜곡시켜 악용할 가능성도 있죠. 정책의 수혜자로서 개인이 받을 낙인도 있을 수 있고요. 그러나 우리는 있지도 않은 할당제 역차별 논쟁에 속으면 안 됩니다. 그보다는 과거 고용시장에서 남성과 비교해 여성이 설 수 있는 자리가 현저히 부족했음을 읽어내고, 오랫동안 배제되고 경시되었던 여성의 역할과 노동에 대해 재해석해야 합니다. 여성들이 겪어왔던 수많은 차별을 제대로 해결하지 않고는 성평등한 노동환경을 만들 수 없습니다.

성차별적 노동환경

고용노동부 자료에 따르면 전국 48개 지방고용노동관서에 접수된 '직장 내 성희롱 피해' 신고 건수는 2018년 994건에서 2022년 1,537건으로 54.6%나 증가했습니다. 지역 상황이 이렇다 보니 2018~2021년까지 근로복지공단에 접수된 직장 성희롱 산재 신청 건수도 13건에서 53건으로 늘었고, 최근 5년간 성희롱 산재 신청자 가운데 87.6%(185건)는 여성이었다고 합니다. 이러니 여성들은 여전히 '안전하게 일할 권리'라는 너무나도 당연한 권리를 외치고 있는 것이죠. 직장 내 성희롱 피해자들은 피해 이후에도 사업주나 국가가 제대로 된 조치를 하는 경우가 적어서 적응장애, 우울증, 외상후 스트레스 등의 후유증을 앓으면서도 당장 일을 그만둘 수 없는 상황 속에 놓여 있습니다.

직장 내에서의 성희롱을 포함한 성폭력은 피해자 개인에게도 영향을 미치지만 그들이 속한 조직의 안전과 나아가 기업의 존폐를 고민해야 할 만큼 매우 중요한 산업재해입니다. 다시 말해 직장 내 성희롱과 성폭력은 개인의 문제로 축소하여 생각할 것이 아니라 사회적으로, 국가적으로 다뤄야 하는 매우 중요한 문제인 것입니다.

여성이 직장 내에서 성폭력에 훨씬 더 많이 노출되기는 하지만 성별에 상관없이 모든 노동자는 안전하고 평등하게 일할 권리가 보장되어야 안심하고 일터에 나갈 수 있습니다. 언제든 원치 않는 성적 농담이나 성희롱, 신체적 성폭력을 당할 수도 있다는 불안을 느끼고 일하러 나갈 수는 없으니까요. 그런 면에서 직장 내 성폭력은 '산업재해'●라고 볼 수 있습니다.

현행 「남녀고용평등법」상 사업주는 직장 내에서 발생할 수 있는 성폭력을 예방하기 위한 교육이나 인식 개선 사업 등을 정기적으로 실시해야 하고, 직장 내에서 성희롱이 발생한 사실을 확인하면 지체 없이 성희롱 가해자를 징계하고 근

● **산업재해** 업무상의 사유에 따른 근로자의 부상, 질병, 장해 또는 사망을 의미합니다. '신재'라고 줄여서 쓰기도 합니다. 근로자가 업무상 재해를 입은 경우 근로복지공단에 산재보상 신청을 하면 공단의 심사를 거쳐 산재보험 급여가 지급됩니다.

무 장소 변경 등 피해자의 '2차 피해'를 막고 보호하는 조치를 해야 합니다.

이제까지 우리는 경제활동 내에서의 여성이 처한 현실을 젠더 관점으로 분석해 보았습니다. 성별 임금 격차, 성별 직종 분리, 채용 성차별, 성폭력이 반복되는 노동 현장 등 대표적인 문제들을 꼽아 보았는데요. 우리 사회의 노동시장은 이제 성평등하다고, 심각했던 성차별은 과거의 일이라고 생각하고 있었다면 죄송합니다. 한국의 노동시장은 아직 이렇게 성차별적이고 철저히 자본주의적, 가부장적 기업의 이익을 위해 작동합니다. 물론 기업이나 대형 자본으로부터 착취당하고 차별받는 것은 성별에 무관하게 모든 노동자의 문제일 것입니다. 그러나 젠더 관점으로 사회를 재해석하면 노동자 중에서도 여성은 더 열악한 위치에 내몰려 있는 현실입니다.

(함께 고민하고 말하고 싶어)

1 우리 집에서 집안일은 누가 가장 많이 하고 있나요? 이유는 무엇인가요? 집안일을 쭉 열거해 보고 누가 그 일을 주로 하는지 적어봅시다. 그리고 가족 모두가 집안일에 참여하려면 어떻게 하면 좋을지 생각해 봅시다.

누가 하는가 (예:엄마, 아빠, 누나, 형)	아빠				
설거지하기					
청소하기					
쓰레기 재활용					
음식쓰레기 처리					
…					

힌트 당연했던 일상을 젠더 관점으로 다시 바라보고 해석해 보는 것이 중요합니다. 당연했던 모든 것에 '왜?'라고 묻기, 당연했던 장면을 조금은 '어색하게' 바라보기. 이걸 조금 어려운 표현으로 '재해석하기'라고 하는데요. 바로 이것이 제가 이 책에서 여러분과 내내 하려는 작업입니다.

2 성별에 따른 임금 격차 현상은 어떤 사회적 문제로 연결될까요? 성별 임금 격차가 인간의 전 생애 주기에 따라 우리 삶에 어떠한 영향을 미치게 될지 생각해 봅시다.

힌트 2020년 기준 우리나라 여성은 남성보다 31.5% 정도 임금을 덜 받는 것으로 조사되었죠. 30살부터 60살까지 약 30년을 이와 같은 임금 차이를 가지고 일한다고 생각해 보면 상상하기가 좀 더 쉬울 거예요.

3 여러분은 어떤 회사에서 일하고 싶은가요? 임원 비율 같은 건 나와 아무런 상관없나요? 여성 임원과 남성 임원이 최소한 비슷한 비율을 유지하고 있는 기업의 강점은 무엇일까요?

4 아래의 채용 과정에서의 적극적 조치에 관한 진정에 대한 국가인권위원회의 판단을 읽어봅시다. 해당 직원 채용에서 내가 가점의 수혜자가 된다면, 또는 가점을 받지 못한다면 어떨까요?

국가인권위원회 17진정045860(한국○○기술평가원 여성 가산점 사건)	
진정 내용	한국○○기술평가원이 신규직원 채용에 있어 서류전형 시 여성에게만 1점의 가점을 부여하는 것은 차별이라는 진정
사실 확인	한국○○기술평가원의 평균 여성 근무 인원은 25%에 머물러 있으며, 신규 입사자 중 여성 비율은 평균에도 미치지 못하는 21%에 그친 것으로 확인되었다.
인권위의 판단	한국○○기술평가원이 신규직원 채용에 있어 서류전형 시 여성에게만 1점의 가점을 부여하는 것은 특정 성별의 근로자가 현저히 적은 현실을 해소하고자 「남녀고용평등과 일·가정 양립 지원에 관한 법률」 제17조의3에 따른 적극적 고용 개선 조치의 일환인 것으로 판단되는바 「국가인권위원회법」에서 정하고 있는 차별행위에 해당한다고 볼 수 없다.

4부

젠더와 정치

모든 인간은
정치적 존재다

질문
있어요

Q1. 주로 어떤 사람들이 국가의 대표나 정치인이 되나요?

Q2. 참정권(정치에 참여할 권리)는 나와 어떤 관계가 있나요?

Q3. 모든 시민은 같은 무게의 참정권을 갖고 있나요?

'참정권은 투표할 권리를 말한다'는 말은 맞는 말일까요? 틀린 말은 아니지만 조금 아쉬운 부분이 있습니다. 참정권은 선거에 출마한 후보에게 투표하는 선거권만을 의미하는 것이 아니라 정치에 직접 참여할 수 있는 권리, 즉 선거에 '출마'하여 직접 정치할 기회와 권리를 갖는 피선거권 또한 포함하니까요. 이에 대한 분명한 관점을 놓치면 우리는 자칫 정치는 나와 상관없는 일이라고 생각하기 쉽습니다.

그런데 사실 정치는 우리 삶과 매우 밀접한 관계를 맺고 있습니다. 그래서 국민의 실생활과 동떨어진 정치가 아니라 자기 일상에 닥친 현실적 문제를 정치로 해결하고자 한다는 의미에서 '생활 정치'라는 말이 생겨나기도 했고, 오늘날 그 중요성이 부각되고 있는 것이지요.

자기에게 닥친 문제의 원인을 생각해 보고 합리적으로 정리하여 나와 같은 생각을 하는 사람들과 함께 목소리를 내는 일에는 나이도, 성별도, 직급도 상관없습니다. 모두가 할 수 있고 해야만 합니다. 그래서 모든 인간은 정치적 존재입니다. 이 장에서 우리는 '모든 인간은 정치적 존재다'라는 대전제에서 출발해 정치에 관한 젠더 논의를 해 보겠습니다.

왜 세계 정상들은
나이 든 남성 백인이 많을까?

　뉴스나 언론에서 '세계 정상회의'에 대해 들어본 적 있나요? 지구상에는 약 70억 명이 넘는 사람들이 함께 살아가고 있습니다. 이 모든 사람이 모여 회의를 진행할 수 없기에 전 세계적으로 함께 해결해야 할 중요한 이슈들이 발생하면 각 나라 대표들이 모여 회의하는 기구들을 마련해 두었어요.

　대표적으로 G7, G20 정상회의 같은 회의체들이 있는데요. 매년 정기적으로 모여 각 회의 개최국을 순회하면서 여러 국제적 이슈에 대한 안건을 상정하고 토론하여 해결 방향을 정하게 됩니다.

　언론에서 세계 정상들이 모여있는 장면을 보면 세계 경제나 정치, 외교에 관한 중요한 이슈들을 어떤 사람들이 결정

G7 HIROSHIMA SUMMIT 2023

하는지, 즉 각 나라에서 누가 정치적 권력과 결정권, 대표성
을 가졌는지 쉽게 알 수 있습니다.

위 사진은 2023년 세계 각국의 정상들이 모인 G7 [●]정상회
의 기념사진입니다. 어떻게 보이나요? 유색인보다는 백인이,
여성보다는 남성이, 젊은 사람들보다는 나이 든 사람이 훨씬

● **G7(Group of 7)** 세계 주요 7개국 정상 회담으로 미국·영국·프랑스·독일·이탈리아·캐
나다·일본 등 7개국을 말합니다. 1975년 이후 매년 정기적인 정상 회담을 개최하고,
세계 경제, 외교, 통화 등 다양한 국제적 이슈를 비공식적으로 논의합니다. 한국은
2023년에 개최국인 일본의 초대를 받아 참관국 자격으로 G7 회의에 참석했습니다.
G20(Group of 20) : G7보다 확장된 형태로 G7에 속하는 7개국과 신흥시장국 12개국
및 유럽연합을 포함한 20개국이 포함된 국제회의체입니다. 2008년에 발생한 글로벌
금융위기를 계기로 처음 개최된 후 2011년부터 정기적으로 열리면서 명실상부 세계
경제 협력을 위한 최상위 기구의 역할을 하고 있습니다. 주로 세계 금융위기 극복 및
정책 정상화, 지속 가능한 성장 체계 구축, 세계 여러 나라 간의 불균형 완화 등에 관한
논의를 진행합니다. G20 회의는 법적인 강제성, 즉 구속력이 있는 것은 아니지만, 상
호합의를 바탕으로 한 권고안이나 조치를 도출하는 방향으로 의견을 맞춥니다. 우리
나라는 G20 회의에 적극적으로 참여하고 있고, 2010년에는 서울에서 G20 정상회의
를 개최한 바 있습니다.

더 많습니다. 이는 전 세계의 경제적·정치적 문제들을 좌우하는 대표국 수장들이 특정 성별과 나이, 출신 국가나 피부색에 치중되어 있다는 뜻인데요. 이와 같은 현상을 젠더 관점에서 분석해 보면, 중요한 정치적 결정을 하는 각국의 대표 자리에서 왜 여성들은 찾아보기 힘든지, 또 여성의 정치 참여와 대표성을 높이기 위해 각 나라는 어떤 노력을 해왔고 그 노력의 성과는 무엇인지 의문이 생깁니다.

또한 국가의 수장 말고 국회의원이나 공직자, 공무원 비율 등 정치 분야 전체의 여성 참여율은 어떠한지, 남성과 여성의 정치 참여율에서 유의미한 차이가 있다면 그 이유는 무엇인지, 그러한 차이는 무엇 때문에 발생하는지, 과거에 비해 어떤 변화가 있는지 등 정치 분야에 작동하는 젠더 문제를 보다 깊이 있게 분석하고 토론할 수 있게 되는 것이죠.

남성 정치인들이 모여 찍는 사진이 당연해 보였다면, 그 장면을 낯설게 보면서 '왜?'라고 질문해 봅시다. 위 사진을 보니 아직 갈 길이 멀다는 생각이 들지 않나요? 뉴스를 틀면 언제나 볼 수 있는 장면이니까요. 여성은 대표의 자리보다는 대표자를 보좌하고 돕는 자리에서 훨씬 더 많이 보이죠.

자, 그런데 여기서 생각해 볼 점이 있습니다. 특정 기구나 모임에서 남녀의 물리적 성비가 같다고 해서 그 모임이 반드시 성평등하다는 뜻은 아닐 텐데요. 그런데도 왜 성비를 따져

보는 걸까요? 그 이유는 물리적인 숫자 자체가 성평등을 담보하지는 않지만 성평등을 향한 아주 최소한의 물리적 조건이기 때문입니다. 우리가 놓치지 말아야 할 것은 숫자 자체보다는, 특정 조직 내 성비 불균형이 발생하는 원인과 그에 따른 효과에 관한 것들입니다. 최소한의 물리적 평균도 못 맞추는 이유가 무엇인지 들여다봐야 한다는 것이죠.

정치적 권리, 즉 참정권은 근대 시민사회로 오면서 인간의 기본권이 되었습니다. 즉 모든 사람은 자신의 처지를 반영한 정치적 목소리를 낼 수 있고 또 내야 한다는 의미입니다. 그리고 이러한 참정권을 통해 작동하는 사회가 바로 민주주의 사회죠. 이러한 참정권의 기본 원칙에도 불구하고 특정 국가나 조직에서 정치적 결정권이나 대표성이 특정 성별에 집중되고 있다면 이는 필연적으로 배제되고 소외되는 목소리가 발생하고 있다는 뜻입니다.

이제 우리는 철저히 무시당하고 삭제되었던 자신들의 정치적 목소리를 내기 위해 오랜 시간 목숨까지 바쳐 싸웠던 사람들을 만나러 가보겠습니다. 130여 년 전으로 시계를 좀 돌려보죠.

여성 참정권을 향한 투쟁

모든 시민이 자유롭고 평등하게 정치에 참여하여 의사를 결정하는 것은 민주주의 사회의 가장 기본적이고 기초적인 작동 원리입니다. 그럼에도 오랫동안 여성들은 성별을 이유로 자신의 기본적 권리를 갖지 못했습니다. 의사나 법률가 같은 전문직 일을 할 수도 없었고 교육보다는 집안일을 배워야 했지요. 자기 삶에 대한 대부분의 결정을 스스로 할 수 없었던 여성들은 변화가 필요하다고 생각했습니다. 그리고 묻기 시작했죠.

"왜 여성들은 투표할 수 없는 거지?"

지금으로부터 약 100년 전, 전 세계 곳곳에서 여성들은 참정권을 위한 투쟁을 시작했습니다. 대표적으로는 프랑스, 미국, 영국, 뉴질랜드 등의 국가에서 활발하게 여성 참정권 투쟁이 전개되었지요. 1893년 뉴질랜드에서 세계 최초로 여성 참정권이 인정되었습니다.

하지만 가장 먼저 여성 참정권 투쟁이 일어난 곳은 프랑스입니다. 근대 민주주의를 여는 데 매우 중요한 사건으로 기억되는 프랑스 혁명(1879~1794년)은 여러분 모두 알고 있죠? 인간의 자유와 평등, 인권이라는 민주적 가치를 기본으로 하는 시민사회를 선언했던 역사적으로 아주 중요한 혁명입니다. 왕이나 귀족에 의해 국가의 모든 것이 결정되던 계급사회의 억압과 차별을 뚫고, 모든 시민이 주체가 되어 자기 권리를 주장한 혁명이기 때문입니다. 이 혁명과 여성 참정권 운동은 매우 깊이 연관되어 있습니다. 여성 참정권 운동가들은 혁명의 급진성에도 불구하고 프랑스 혁명이 '시민'의 범주에 여성들을 포함하지 않고 있는 문제를 지적했죠.

1789년 발표된 〈프랑스 인권선언〉 첫 줄에는 "인간은 누구나 평등하게 태어났다."라고 쓰여 있지만, 여기서 '인간'이란 현실적으로 중산층 백인 남성만을 의미하고 있다고 비판하고 나선 것이 바로 여성 참정권 운동입니다. 대표적으로 올랭프 드 구주(1748~1793)라는 한 여성이 〈프랑스 인권선언〉의 남성형 명사 '인간'을 일일이 여성형으로 고쳐 〈여성과 여성 시민의 권리 선언 Declaration of the Rights of Woman and the Female Citizen〉(1791)을 만들어 발표했습니다. 여성도 '시민'에 포함된다고 프랑

DÉCLARATION DES DROITS DE LA FEMME ET DE LA CITOYENNE,

A décréter par l'Assemblée nationale dans ses dernières séances ou dans celle de la prochaine législature.

PRÉAMBULE.

Les mères, les filles, les soeurs, représentantes de la nation, demandent d'être constituées en assemblée nationale. Considérant que l'ignorance, l'oubli ou le mépris des droits de la femme, sont les seules causes des malheurs publics et de la corruption des gouvernemens, ont résolu d'exposer dans une déclaration solennelle, les droits naturels, inaliénables et sacrés de la femme, afin que cette déclaration, constamment présente à tous les membres du corps social, leur rappelle sans cesse leurs droits et leurs devoirs, afin que les actes du pouvoir des femmes, et ceux du pouvoir des hommes pouvant être à chaque instant comparés avec le but de toute institution politique, en soient plus respectés, afin que les réclamations des citoyennes, fondées désormais sur des principes simples et incontestables, tournent toujours au maintien de la constitution, des bonnes moeurs, et au bonheur de tous. En conséquence, le sexe supérieur en beauté comme en courage, dans les souffrances maternelles, reconnaît et déclare, en présence

● 〈여성과 여성 시민의 권리 선언〉의 첫 장

스 사회에 알리기 위해서였죠. 드 구즈는 결국 1793년 '자신의 성별에 적합한 덕성을 잃어버린 죄'이라는 죄목으로 감옥에 갇혔다가 단두대에 올라 처형당합니다. 그녀가 남긴 매우 유명한 문장을 여러분께 소개합니다.

"여성이 단두대에 오를 권리가 있다면 의정 연설 연단에 오를 권리도 있다."

한 국민이 잘못을 저질러 그가 속한 국가의 처벌을 받을 의무가 있다면, 국민으로서 목소리를 낼 수 있는 정치적 권

리 또한 보장되는 것이 마땅합니다. 위 문장은 지금까지도 여성 참정권 운동의 맥락을 잘 설명해 주는 결정적이고도 중요한 문장입니다. 프랑스는 1946년이 되어서야 여성 참정권이 헌법으로 보장되었습니다. 올랭프 드 구주가 죽은 지 약 150년이나 지나서 말이죠. 그녀는 45세의 나이에 단두대에서 생을 마감했지만, 그의 죽음의 가치와 의미는 전 세계 여성들에게 전해졌습니다.

'서프러제트'를 기억하라

여성 참정권 운동이 가장 격렬하게 전개되었던 국가는 영국인데요. 계속되는 투쟁에도 번번이 운동이 실패하자 1903년 에멀린 팽크허스트를 중심으로 '여성사회정치연맹'이 조직되었습니다. 이들은 자신들의 목소리를 번번이 묵살하는 남성중심 사회에 경종을 울리기 위해 '말이 아닌 행동'을 내걸어 서명과 청원 같은 평화적 방식에서 나아가 단식투쟁이나 '우체통에 불 지르기', '왕실에서 보이는 건물에 몸 매달기'와 같은 것보다 강력한 방식으로 운동을 전개합니다. 아무도 귀담아듣지 않으니 좀 더 수위가 높은 방식을 택한 거죠.

여성 참정권을 주장하며 사람들의 이목을 집중시키는 운동 방식으로 싸웠던 여성들을 가리켜 '서프러제트Suffragette (참정권 Suffrage+여성형 어미 ette)'라고 하는데요, 지금까지도 회자하는 이들의 사건 하나를 소개하겠습니다.

1913년 6월 영국 최고의 경마대회에서 국왕의 경주마를 결승점 근처에서 기다리던 한 여성이 "여성에게 투표권을!" 이라고 외치며 전속력으로 달려오던 경주말에 뛰어들었습니다. 말발굽에 치이고 짓밟혀 쓰러진 이 여성의 이름은 에밀리 데이비슨(1872~1913), 당시 나이 40세였습니다. 그녀의 이야기를 전해 들은 영국 전역의 여성들은 슬픔과 분노에 휩싸여 에밀리 데이비슨의 장례를 지내기 위해 거리로 쏟아져 나왔죠.

거대한 시위 행렬로 이어진 이 장례식의 영향으로 여성들은 지치지 않고 계속해서 싸움을 이어 나갔고, 그로부터 5년 뒤인 1918년, 30세 이상의 여성에게 참정권이 주어졌습니다. 비록 제한적이었지만 여성들이 연대하여 어렵게 이뤄낸 성과였기에 매우 값진 일이었죠. 10년 후인 1928년에는 21세 이상의 모든 여성에게 참정권이 인정되어 비로소 여성도 남성과 동등한 참정권을 갖게 되었습니다.

오늘날 전 세계 여성들이 투표에 참여하고 정치인이 되기도 하는, 어쩌면 당연해 보이는 일상은 처음부터 거저 주어진 것이 아닙니다. 여성도 남성과 똑같은 인간이고 시민이라는,

매우 평범한 진리를 쟁취하기 위한 격렬한 저항의 역사가 있었기에 가능했던 것입니다. 이러한 점에서 영국의 여성 참정권 운동 서프러제트는 젠더 문제와 시민권 문제를 통찰하며 논의하기에 매우 적절하고 필요한 역사적 사건입니다. 잊지 말아야 할 순간이기도 하고요.

그런데 사실 여성 참정권을 위한 운동은 지금도 현재진행형입니다. 1893년 뉴질랜드를 시작으로 1920년 미국, 1928년 영국, 1946년 프랑스, 1948년 한국 등 많은 나라가 여성 참정권을 인정하는 추세로 변화해 왔지만, 놀랍게도 21세기에 들어서도 여성 참정권이 인정되지 않는 국가가 있습니다. 사우디아라비아는 2015년이 되어서야 여성들이 투표할 수 있었어요. 놀랍지 않나요? 지구상 어딘가에는 아직도 시민으로서 정치에 참여할 수 없는 여성들이 존재합니다. 법적으로 여성 참정권이 인정되었다고 해도 전 세계 모든 사람이 동일한 참정권을 행사하고 있다고 보기도 힘듭니다. 국가나 지역, 성별과 경제적 상황에 따라 참정권 행사에 어떤 차이가 있을지 생각해 봅시다.

세계 성 격차 보고서,
한국은 어디쯤?

오랜 시간 힘겨운 투쟁을 통해 획득한 여성의 참정권으로 오늘날 여성들은 어떠한 정치 참여를 하고 있을까요? 이를 쉽게 알아볼 수 있는 글로벌 지표가 있습니다. 지표가 있다는 건 전 세계적으로 성차별 문제를 다양한 방법으로 오랫동안 분석해 왔고 함께 해결하려고 애써왔다는 의미겠네요.

건강은 완전한 성평등에 가깝지만 경제는 하위권

2006년부터 세계경제포럼WEF, World Economic Forum은 해마다 '세계 성 격차 보고서Global Gender Gap Report'를 발표하고 있

습니다. 이 보고서는 전 세계 국가들의 성 격차를 4개 부문으로 구분해 참여 수준과 권한 등을 조사하고, 성별에 따른 격차를 일정하게 지수화하여 추적·분석한 것입니다. 4개 부문은 인간의 생존과 사회적 특성을 반영한 것으로 잘 먹고 잘 사는 문제인 건강·보건 부문과 경제 참여·기회 부문, 시민으로서 기본적 자질을 함양하는 교육 수준 부문, 실제적인 정치 권한 부문입니다. 한국의 성 격차 지수는 세계에서 몇 위를 차지했을 것 같나요? 여러분의 생각은 어떤가요? 상위권을 차지하고 있을까요?

2023년 한국은 세계 146개국 중 105위를 차지했습니다. 전년 99위 대비 6계단 뒤로 밀려난 수치입니다. 여러분 생각과 비슷한가요? 아니면 좀 의외인가요? 성 격차 지수는 0에서 1까지로 표시되고, 1에 가까울수록 '완전한 성평등'에 가깝습니다.

한국의 성 격차 지수를 함께 볼까요? 한국은 2023년 경제 참여·기회(0.597)에서 114위, 교육 수준(0.977)에서 104위, 정치 권한(0.169)에서 88위, 건강·보건(0.976)에서는 46위를 기록했습니다. 건강·보건 부문을 제외하면 나머지 세 부문의 지수가 모두 낮은 순위에 속해 있습니다. 건강·보건 부문에서는 1에 가까운 지수를 기록하여 성별에 따른 건강 격차는 크다고 볼 수 없습니다. 한국만큼 공적 의료보험 시스템이 잘

되어 있는 국가도 없으니까요.

그다음 1에 가까운 지수로는 교육 수준이 있습니다. 교육 분야는 문해율*이나 지역에 따른 초·중·고등 교육 격차 등을 분석하는데, 매우 높은 지수(0.977)인데도 104위로 낮은 순위를 차지한 것은 다른 나라와의 상대적인 비교 때문이라고 볼 수 있습니다. 이 보고서에 포함된 국가 중에서 2023년 교육 분야에서의 '완전한 성평등'을 달성한, 즉 교육 분야의 지수가 1을 기록한 국가의 수가 전년 21개국에서 25개국으로 증가했거든요. 전 세계적으로 교육 분야에서의 성별 격차는 가장 빠르게 해소되어 146개국 교육 분야에서의 성별 격차는 4.8% 남아있다고 보고 있습니다. 이러한 상황이다 보니 지수가 높은 한국도 전체 순위에서는 상대적으로 뒤로 밀리는 것이죠. 우리나라가 순위에서 밀렸다고 기분이 상할 필요는 없습니다. 각 국가의 실제 상황이 중요한 것이니까요.

또 한편으로 생각해 보면, 문해율에 관한 성별 격차도 완전히 해소되었다고는 할 수 없을 것입니다. 일상생활에 필요한 문해력이라는 것은 '한글 활용 능력'에만 머물러 있지 않고, 스마트폰이나 키오스크 등 디지털 기기 활용 능력이나

● **문해율** 유네스코는 "문해란 다양한 내용에 대한 글과 출판물을 사용하여 정의, 이해, 해석, 창직, 의사소통, 게신 등을 할 수 있는 능력"이라 정의했습니다. '문해율'은 문자를 읽고 이해하고 사용할 수 있는 비율을 의미합니다.

영어 활용 능력까지 그 범주가 점차 확장되고 있으니까요.

2023년 성 격차 보고서에서 한국이 가장 낮은 순위를 기록한 부문은 114위를 기록한 경제 참여·기회 부문입니다. 이는 여성의 경제활동 참여율, 성별 임금 격차, 성별 추정 소득●, 여성 관리직·임원 비율, 여성 전문직·기술직 비율과 같은 지표를 종합하여 산출됩니다. 한국은 여성 전문직·기술직 비율에서는 1위를 기록했지만, 임금 격차에서 76위, 경제활동 참여율은 85위, 추정소득 119위, 여성 관리직·임원 비율 128위를 기록해 전체 114위에 그쳤습니다. 절대적 레벨값이 아니라 한 국가 내에서의 성별에 따른 격차를 보고하고 있는 자료이니, 이 부분에 대해서는 이해가 필요하겠습니다.

● **추정 소득** 소득을 추정할 수 있는 다양한 정보를 조합하여 산출한 소득을 의미합니다. 성별 추정 소득은 성별에 따른 이 산출 소득의 격차를 뜻합니다.

오늘날 여성의 정치 참여,
어떠한가

　정치 분야에서의 젠더 논의에서 특히 주목해야 할 부분
은 정치 권한과 대표성 부문에서의 성 격차 지수일 것입니
다. '세계 성 격차 보고서'에서 한국의 정치 권한 격차가 만
점 1보다는 0점에 가까운 지수(0.169)인데도 중간 정도의 순
위(88위)를 유지하고 있는 것은 한국뿐 아니라 전 세계 정치
권한 부문에서의 성 격차가 그만큼 크다는 의미로 해석할 수
있습니다.

　세계경제포럼WEF, Davos Forum이 "피지와 미얀마, 한국 등
은 정치권력 분배에서 가장 퇴보한 국가들"이라고 지적할[22]
만큼 한국의 정치 권한 부문에서의 성 격차는 아직 갈 길이
멉니다. 전체 합산 순위 88위를 기록했지만, 국회의 여성 대

표성과 같은 부분 지표들에서는 그보다 더 낮은 102위를 기록하기도 했지요. 전년 대비 대부분의 아시아 국가에서 여성 의원직 수가 증가하면서 여성의 정치 대표성이 개선되었지만, 한국에서 여성의 정치 대표성은 오히려 하락했습니다.

더디지만 조금씩 나아가는 여성 정치

국제의원연맹IPU, Inter-Parliamentary Union●은 매년 각국 여성의 정치 참여 정도를 의회 여성 비율로 제시하고 있는데요. 이 수치는 전 세계적으로 정치·경제 분야의 중요한 정책 결정 행사에 여성들의 참여 정도와 권한을 판단할 수 있는 기준으로 활용되고 있습니다. 즉 100% 남성의원이었던 과거에 비해 얼마나 변화하고 있는지를 가시적으로 판단해 볼 수 있는 최소한의 기준이 되는 거죠.

한국의 여성 국회의원 비율은 2023년 기준 19.1%●로 IPU 가입 180개국 중 120위를 차지했습니다. IPU 가입국의 여성 국회의원 평균 비율이 26.7%인 것에 비하면 아직 많이 부족

- **국제의원연맹** 의회제도의 확고한 정착을 위해 각국 의회 및 의원들 간의 대화와 공동 노력을 추구하는 국제의회기구를 말합니다.
- 전체 국회의원 299명 중 여성 국회의원은 57명입니다.

하지만 계속해서 변화하고 있습니다.

년도	여성 국회의원 비율	비고
16대(2000년)	5.9%	여성 공천할당제 도입
17대(2004년)	13.0%	
19대(2012년)	15.7%	
20대(2016년)	17.0%	
21대(2020년)	19.0%	

여성 공천 할당제 정당에서 선거에 출마할 입후보자를 공식적으로 추천하는 것을 공천이라 하며, 여성 공천 할당제는 남성중심의 정치권 문화를 개선하기 위해 도입한 선거법으로 국회 및 시도의회 선거에서 여성에게 일정 비율 이상의 자리를 할당하는 제도입니다. 2000년 제16대 총선 비례대표의 30%를 여성 후보자로 할당했고 2004년 17대 총선에서는 비례대표의 50%가 여성으로 할당되었습니다.
▶ 공직선거법 제47조(정당의 후보자 추천) ③ 정당이 비례대표 국회의원 선거 및 비례대표 지방의회의원 선거에 후보자를 추천하는 때는 그 후보자 중 100분의 50 이상을 여성으로 추천하되, 그 후보자명부 순위의 매 홀수에는 여성을 추천하여야 한다. 〈개정 2005. 8. 4.〉

이렇게 중앙의 여성 국회의원 비율은 조금씩 변하고 있지만, 지방자치단체로 내려가면 이러한 격차는 훨씬 극명합니다. 지방자치단체장의 여성 후보 공천율 자체가 매우 낮은 데다 1995년 처음으로 전국동시지방선거를 실시한 이후 27년이 넘는 동안 역대 광역자치단체장 중 여성은 단 한 명도 없는 상황이죠. 또 2022년 지방선거에서 당선된 전국 226명의 기초자치단체장 중 여성은 서울 4명, 경기도 3명으로 단 7명(3.1%)에 불과하여 지방자치단체에서 여성 대표성에 관한 문제는 훨씬 심각합니다. 교육감 선거에서도 17개 시·도 후보자 57명 가운데 여성 후보자는 9명(15.8%)에 불과했고, 당선자는 단 2명(11.8%)이었습니다. 비례대표 외에는 입후보자 비율 자체가 턱없이 부족하니 모든 투표에서 당선자 성비를 균등하게 맞춘다는 것은 애초부터 불가능했습니다.

물론 여성 대표자의 비율이 높은 국가라고 해서 국가가 반드시 성평등하다고 볼 수는 없습니다. 그러나 국가인권위원회(이하 인권위)*가 밝힌 바 있듯이 민주주의 사회의 성평등은 "국가의 주요 정책과 제도에 관한 입법 활동을 하는 의회에서 여성과 남성의 동등한 대표성을 보장하는 것"이 핵심이며 최소한의 기준이라고 할 수 있습니다. 2023년 인권위는 각 정당 대표에게 공직선거 후보자 추천 시 여성의 동등한 참여를 보장하고, 이를 위한 이행 방안을 당헌·당규에 명시하라고 권고했습니다. 또한 주요 당직자의 직급별·성별 통계 구축 및 공개, 당직자·당원 대상 성인지 의회에 관한 교육, 여성 정치인 발굴 및 육성을 위한 방안을 마련할 것도 권고했는데요. 이 같은 인권위의 권고에 국회와 주요 정당 또한 공감하고 수용하겠다는 뜻을 밝혔습니다.[23]

분명한 것은 더 많은 사람의 목소리가 반영되는 것이 민주

• **국가인권위원회** 인권 관련 정책 개선 업무를 수행합니다. 인권의 보호와 향상을 위하여 필요하다고 인정하는 경우 인권 관련 법령·정책 관행의 조사·연구 및 개선의 권고 또는 의견을 표명하며, 국제인권조약의 가입과 조약의 이행에 관한 권고와 의견을 표명합니다.

주의라는 겁니다. 많으면 많을수록, 다양하면 다양할수록 우리 사회에는 이득이 됩니다. 더 많은 시민이 저마다의 정치적 역할을 다하고 더 다양한 대표자들이 발굴되어야 합니다. 지금은 성별뿐 아니라 나이, 지역, 특정 정당 등이 너무나도 과도하게 치우쳐 있으니까요. 각자의 위치에서 그 사람의 입장이 되어보지 않으면 알 수 없는 '모두의 문제들'이 아직 우리 사회에는 많습니다. 정치가 더 많은 목소리를 반영할 수 있으면 좋겠습니다. 우리 청소년의 목소리도요!

국회의원만의 문제가 아니라니까요

여성의 정치적 권한을 여성 국회의원 숫자로만 파악하는 것은 한계가 있습니다. 지방의회의원이나 지방자치단체장들을 포함한 의원들의 입법 업무를 보좌하는 직원들의 성비는 어떤지, 손님 접대나 의전 등 수행비서들은 주로 어떤 성별인지, 고위직 공무원의 성비는 어떠하고 주로 어떤 일들을 하는지, 각 정당 고위당직자의 성비 등 여러 가지 지표들이 있을 겁니다. 대표적인 몇 가지만 살펴보겠습니다.

국회사무처에 따르면 2023년 국회의원 보좌직원 중 남성은 65.9%, 여성은 34.1%입니다. 직급이 올라갈수록 여성은 줄어드는데, 높은 직급에 속하는 4급 보좌관과 5급 선임 비서관은 남성이 80.8%로, 여성(19.2%)보다 4배 이상 많습니다. 높은 직급의 여성 보좌관이 없는 국회의원실도 44%나 되었고, 심지어 여성 보좌직원이 한 명도 없는 의원실도 세 개나 됩니다. 이에 반해 4급에서 9급까지 하위 직급으로 내려갈수록 여성의 비율은 커지고, 남성은 줄어드는 양상을 보입니다. 그리고 이와 같은 직급의 문제는 곧 성별 임금 격차로 연결될 겁니다.•

국회 직원들의 업무 배정 또한 성별 고정관념이 여실히 드러나는데요. 단순 행정 업무를 주로 담당하는 9급 직원이나 인턴 직원은 주로 여성으로 이들은 주로 의원실 살림과 손님 접대, 의전과 같은 수행비서 역할을 합니다. 즉 여성 보좌직원들은 정책을 생산하는 국회의원의 입법 업무를 보좌하기보다 보조적 역할을 주로 하는 것이죠. 이는 전형적인 성차별적 조직문화로 국가의 법을 만들어 내는 국회에서조차도 '정치는 남성의 영역', '보조적이고 돌보는 역할은 여성의 영역'이라는 편견이 여전히 작동하고 있는 것으로 볼 수 있습니다.

이렇게 한쪽으로 치우친 구조가 오랫동안 지속되다 보니,

• '2023년도 국회의원 보좌직원 보수 지급 기준'을 참고해 전체 국회의원 보좌직원들의 성별 임금 격차를 계산했을 때 성별 임금 격차는 21% 수준이었습니다.

여러 문제가 발생했습니다. 초기 국회 건물에는 여성 화장실이 없어서 당시 한 명뿐이었던 여성 의원은 소변을 참으며 의정활동을 하다가 방광염을 앓았다고 해요. 일부 남성 의원은 동료 여성 의원에게 성차별적 발언이나 여성 비하 행동을 하기도 했죠. 그때마다 그들은 자신의 성차별적 언행을 '농담'이나 '실수'라고 회피했습니다. 여성 대상 성적 발언을 반복하다가 국회 윤리특별위원회에서 제명되는 남성 국회의원도 있었습니다.

국회의원도 피할 수 없는 '여성 차별'

정치 분야에서 활동하는, 특히 여성 의원들을 대상으로 한 성차별, 성희롱, 성폭력은 전 세계적으로 발생하는 공통 현상입니다. 국제의원연맹IPU의 연구 발표에 의하면, 여성 의원에 대한 폭력은 보편적이며 매우 다양한 형태로 발생하고 있습니다. 사단법인 지방자치발전소가 2020년 6~7월에 서울시 광역의회와 기초의회 소속 여성 의원들을 조사하여 발표한 연구[24]에 따르면 여성 의원들은 아래와 같은 다양한 차별과 폭력에 노출되어 있음을 알 수 있었습니다.

경험 사례	응답 비율
성차별적이고 혐오적인 표현	50%
성적 언급이 담긴 자신의 기사 목격	20%
동료로 인정하지 않는 행동과 태도, 언어	55.5%
여성이라는 이유로 불쾌하거나 위협 당함	47.3%
신체적 성희롱	59.1%
신체적 성폭력	5.5%
의원 대상 각종 지원에서 배제	10%

심층 면접에서도 여성 의원에 대한 성차별과 성희롱은 매우 일상적이었습니다. 구체적으로는 외모 평가, 심한 욕설과 성적 언어, 성추행, 성역할 고정관념에서 비롯된 성차별적 태도와 행동 등이 있었지요. 이는 회의나 공식적 연수, 국내·외 출장이나 사무실 등 시공간을 불문하고 전방위적으로, 일상적으로 발생하고 있습니다.

이 외에 지방의회 여성 의원 75명에게 '여성 의원으로서 겪어야 하는 요인별 어려움'을 물은 연구에서는[25] '남성중심의 정치 문화'를 선두로 '사회적지지 네트워크의 부족'과 '가정과 일 양립의 어려움'이 꼽혔고, 응답 중에는 '술 중심의 회식문화'도 있었습니다. 다양한 조사 결과들이 여성 의원들이 경험하는 의회의 문화와 구조에 젠더 문제가 있다고 가리키고 있는 것이죠. 이러한 연구를 통해 우리는 무엇을 알 수 있

을까요? 무엇을 간파해야 할까요?

　바로 이러한 맥락에서 단지 여성 의원들의 숫자만이 중요한 것이 아니라고 한 것입니다. 국가 혹은 지방자치단체 의원임에도 성적 대상이 되고, 무시당하고, 배제당하는 이유는 무엇입니까? 이러한 일상적 차별과 폭력 속에서 과연 제대로 된 의정활동이 가능할까요? 왜 남성 의원들은 일과 가

정의 양립을 고민하지 않는데, 여성 의원들은 고민하는 걸까요? '남성중심적 정치 문화'라는 것은 어떤 것일까요? 매일 수시로 이러한 상황에 놓인다면 어떤 마음이 들까요? 이러한 차별의 이유는 무엇이고 이 차별의 대상과 주체는 누구입니까?

이것이 전체 의원들의 성비 불균형 이면에서 작동하는 성별 고정관념에 주목해야 할 이유입니다. 가시적으로 보이는 여성 의원의 숫자보다 더 중요한 것은 여성을 여전히 예쁘고 아름다워야 할 '성적 대상'으로, 우유부단하고 감정적인 '불완전한 인간'으로, 모성과 돌봄에'만' 적합한 '보조적 주체'로 여기는 고정관념에 맞서는 것입니다. 빙산 아래에 존재하는 거대한 성별 고정관념을 해체하지 않으면 언제 어디서든 성차별 현상은 계속해서 수면 위로 올라올 것입니다. 또 이러한 성별 고정관념이 공고하게 작동하는 사회에서는 아무리 제도가 훌륭해도 여성 의원의 숫자나 국회의 성차별은 해소되지 않을 겁니다.

국제의원연맹IPU이 제시하는 것처럼 "의회가 여성의 권리를 존중하는 성인지적 기관이 되는 것, 즉 의회 내에서 여성 대상 폭력을 근절하는 것"은 민주주의 의회의 기본 전제가 되어야 합니다. 이에 IPU는 2019년 가이드라인[26]을 만들어 발표했는데, 이 내용을 여러분과 함께 나눕니다.

- 의회에서 일하는 모든 이의 인권을 보호한다.
- 모든 사람이 존엄과 존중을 바탕으로 가치를 인정받고 대우받는 일터를 만든다.
- 여성 정치인들이 참여하고 주목받고 영향력을 행사하도록 하는 데 기여한다.
- 의회가 대표성을 지닌 효과적이며 정당한 정치기관으로 대중에게 인식되도록 한다.
- 의회가 사회의 양성평등을 앞당기는 매개가 되도록 지원한다.

남녀동수법, 오래된 미래

2019년 1월, 박영선 당시 민주당 국회의원이 모든 선출직 공직선거에서 여성을 50% 이상 의무 공천●하는 법을 대표 발의했습니다.● 박 의원은 지역구 국회의원 선거에서 여성 30% 이상 추천을 '권고만' 하고 있을 뿐, 지방자치단체장 선거에는 이러한 권고 규정마저도 없는 선거법을 보완하기 위한 것이라고 발의 이유를 밝혔는데요. 이 소식이 언론에 알려지자 관련 기사에 엄청난 댓글 테러가 이어졌습니다. "그

- **공천(公薦)** 공직선거에서 정당이 후보자를 추천하는 것을 말합니다.
- 박영선 의원이 '남녀동수법'으로 이름을 붙인 법안은 '공직선거법·정당법·정치자금법' 등 3종의 개정안으로, 모든 선출직 선거에서 여성 50% 이상 추천을 의무화하고 이를 지키지 않을 때는 여성 추천 보조금 배분에 있어 불이익을 부여하도록 규정했습니다.

런 주장 하려면 여자도 군대 가라", "여성이 무슨 벼슬이냐", "민주당은 페미당이냐", "자격도 없는 여자들을 다 정치인 만드냐", "능력이 중요하지, 남녀가 무슨 상관이냐", "정치가 무슨 초등학교 반장 선거냐" 등 주로 '능력'과 '역차별'에 관한 비난과 불만이었지요.

수면 위로 올라온 남녀동수법

우선 '남녀동수법'이 무엇인지부터 정확히 짚고 넘어가야 할 필요가 있습니다. '동수'라고 했으니 정치인의 남녀 숫자를 동일하게 맞추는 법안일까요? 여성할당제와는 무엇이 다를까요? 쉽게 말하면 여성할당제가 약자 배려 차원에서 피자 한 판 중 한 조각 정도를 떼어 차별받아 온 이들에게 주는 '시혜적' 법안이라면, 그에 반해 남녀동수법은 50대 50, 한 판씩 똑같이 갖자는, 즉 일부를 할당받는 데 만족하지 않겠다는 보다 적극적인 정책입니다.

그렇다고 남녀동수법이 무조건 물리적으로 전체 정치인 중 반을 여성으로 채워야 한다는 의미는 아닙니다. 유권자의 반을 차지하는 여성의 비율을 고려하여 50%의 여성 '후보자' 조건을 제도화하자는 겁니다. 결과의 평등보다는 조건의 평등에 가까운 것이죠. 그런 의미에서 앞서 보았던 2019년 댓글들을 다시 한번 살펴보자면, 남녀동수법은 처음부터 개인의 능력에 별로 관심이 없습니다. 능력에 따라 상위 1%에서부터 100%까지 순위를 매겨 50% 지점에 합격선을 정하자는 말이 아니라, 애초에 이 사회를 구성하는 구성원의 성비를 선거에 반영하자는 것이죠. 유권자의 절반은 여성이라는 사실에 주목하고, 남성중심적 정치(인)가 다양한 여성의 목소리를 제대로 반영할 수 없었던 문제에 착안해 기획된 정책이 바로 남녀동수법입니다. 후보자 남녀 성비를 50:50으로 맞춘다고 해서 결과의 평등, 즉 남녀 국회의원이 동일하게 50:50이 되는 것은 아닙니다. 후보자를 동일한 성비로 맞추고 그 이후에는 국민의 공정한 선택을 받자는 것이죠.

물론 생물학적 또는 사회적으로 양성에 포함되지 않는 다양한 성별 정체성은 포괄하지 못하는 것이 아니냐는 질문을 받을 수도 있습니다. 하지만 남성중심적 정치판을 흔들기에는 충분할 것입니다. 그래서 더욱더 다양한 사람의 목소리가 정치에 필요한 것이겠고요. 결국 남녀동수법은 여성만을 정치권력자로 만들기 위한 제도가 아니라, 과거에는 정치 결정의 주체로 고려되지 않았던 모든 소수자를 위한 도전이자 시도라고 볼 수 있습니다.

남녀동수법에 거는 모두의 기대

남녀동수법의 핵심은 '대의 민주주의Representative democracy'●를 채택하고 있는 우리 국가 체제에서 '누가 누구를 대표할 것인가'에 있습니다. 그동안 이 세계의 정치와 역사는 남성들이 만들어왔습니다. 인간의 기본값도 남성이었고요. 남성이 너무 오랫동안 당연하게 누려온 그 정치적 권리의 반쪽을 요구하는 것이 바로 남녀동수법입니다. 여성의 과소 대표 문제는 여성만의 문제가 아니라 한국 민주주의, 더 나아가 세계 민주주의의 당면한 문제라고 인식할 필요가 있습니다. 민주주의라는 말만 허울 좋게 늘어놓으면서 정작 여성들을 배제해 왔던 과거가 오늘도 지속되고 있다면 그것은 진정한 민주주의라고 할 수 없지 않을까요? 이러한 맥락에서 "진정한 민주주의의 완성은 성평등이다."라는 말도 나오지 않았나 싶습니다.

프랑스의 사례는 정치 분야에서의 젠더 논의에 귀감이 됩니다. 프랑스는 1990년대 초까지 여성 의원 비율이 10% 정

● **대의 민주주의** 국민 스스로 법률을 만들지 않고, 자기들을 대신해서 법률과 정책들에 관해 결정할 국민의 대표자를 선출하여, 대표자를 통해 정치에 참여하는 민주주의 정지 형태입니다. 선거나 투표를 통해 국민의 뜻을 표시하는 것이 대의 민주주의의 근본이며, 간접 민주주의라고도 합니다.

도에 불과해 유럽 국가 중 가장 낮은 편이었지만, 이에 대한 문제의식으로 1970년대부터 입법 노력을 계속해 왔습니다. 그 결실로 1999년 헌법으로 남녀동수법을 개정하여 여성 정치 대표성의 근거를 마련했고, 2000년에는 「빠리테법 La Parité (남녀동수법)」●을 선거법으로 제정하면서 여성 의원이 계속해서 증가해 왔습니다.

빠리테법 제정 직후 프랑스 여성 하원의원 비율은 2002년 총선에서 12.4%(1997년 직전 선거 대비 1.5% 상승)로 증가했고, 2017년에는 38.6%로 비약적으로 증가하여 여성의원 비율 순위 세계 17위를 기록했습니다. 여성할당제를 시행하고 있는 영국과 독일을 제치고 유럽 내에서 6위라는 높은 순위를 차지했죠.[27] 2019년 독일도 빠리테법을 모델로 각 정당의 비례대표 후보를 남녀 동수로 구성하는 내용의 선거법 개정안을 통과시켰습니다.

빠리테법이 한국 여성 정치 참여 현실에 시사하는 바가 매우 큽니다. 더 나아가 전문가들은 의원 성비 균형만큼 보좌직

● **빠리테법** 지방의원선거, 하원의원선거, 유럽의회의원선거, 상원비례대표선거 등에 적용됩니다. 의무조항을 지키지 않은 정당의 후보자 명부는 접수할 수 없으며, 소선거구 다수대표제인 하원의원 선거의 경우 여성할당 비율을 지키지 않은 정당은 국고 정당 보조금이 삭감됩니다. '빠리테'란 동등, 동격, 동률을 의미하며 빠리테법은 소수자 우대정책이 아니라 남녀 양쪽의 기회 평등을 보장하기 위한 법입니다.

원들의 성별 균형에도 적극적 조치가 필요하다고 지적하고 있죠. 국회의원들을 보좌하는 직원들은 그야말로 법제도를 생산하는 입법기관의 싱크탱크 think tank● 로서 전 국민의 정치적 의사를 반영해야 하므로 남녀 성비가 반영되어야 할 필요가 있다는 것입니다. 여러분의 생각은 어떤가요?

민주주의 정치에서의 젠더 논의는 이러한 점에서 아직 갈 길이 멀지만 우리는 계속해서 변화하고 있습니다.

2023년 5월 25일● 국회의원회관에서 전·현직 여성 국회의원들의 모임인 '한국여성의정'이 '제1회 남녀 동수의 날 선포식'을 열어 특정 성별을 가진 국회의원 또는 후보자가 전체의

● **싱크탱크** 여러 영역의 전문가들이 조직적이고 체계적으로 모여 특정 주제에 관한 연구개발을 통해 그 성과와 생산물을 제공하는 조직을 말합니다

● 한국여성의정은 '남녀(2) 동등 5=5'를 상징하는 5월 25일을 '남녀동수의 날'로 선포했습니다.

60%를 초과하지 않도록 하는 「남녀
동등참여지원법」의 국회 처리를 촉
구했습니다. 이날 참여자들의 발언
은 지금 우리의 논의와 다르지 않습
니다. 국민의 얼굴을 닮은 국회가 되
어야 한다는 것이죠. 일부를 소개합
니다.

"특정 성별·연령·직업군이 과잉 대표되고
있는 현실은 민주주의의 가치를 실현할
수 있는 평등한 대의제와는 거리가 멀다.
누구도 정치적으로 과소 대표되지 않는
평등한 대의제를 구성하는 일이야말로
진정한 민주주의의 본질적 가치를 구현
하는 길이다."
– 이혜훈 '한국여성의정' 상임대표

여성 50% 의무 공천

성평등, 민주주의의 완성

남녀동수, 조건의 평등

남성만 군대에 가니 역차별이라고요?

이제는 성평등하다 못해 여성 때문에 자신들이 역차별* 받고 있다고 외치는 남성들이 있습니다. 2019년 2월에 열린 '포용국가와 청년정책-젠더 갈등을 넘어 공존의 모색' 토론회에서 '새로운 세대의 인식과 태도: 2030세대 젠더 및 사회의식 조사 결과'가 발표되었는데요. 이에 따르면 여성의 90%가 '여성에게 불평등하다'고 답했지만, 남성은 40%가 '남성에게 불평등하다', 20%는 '이미 양성평등하다'고 응답했습니다. 이 중에서도 특히 20대 초반과 후반 남성들이 압도적으로 '남성에게 불평등하다'는 응답을 했는데, 그렇게 생각한 이유로는 여성할당제, 지하철·주차장 등의 여성 전용 공간 같은 정책적·문화적 역차별이 20%로 가장 높았고, 남성상강요(18.1%)와 군 복무 문제(15%)가 그 뒤를 이었습니다.

• **역차별** 차별을 받아왔던 사회적 소수자의 차별 문제를 해소하기 위해 실시한 적극적 조치나 제도로 인해 기존의 사회적 기득권에게 거꾸로 차별이 발생하는 상황을 말합니다. 역차별 사례로는 미국에서 소수 인종의 대학 진학이 어려웠던 점을 고려하여 각 대학이 신입생 모집에서 소수 인종에 대한 적극적 우대 조치를 하다가 점수가 더 높은 백인 학생이 탈락하는 경우가 있습니다. 한국에서는 입시나 채용에서 '사회배려자 전형', '지역 할당제', '여성할당제' 등을 놓고 잦은 논쟁이 일어나고 있습니다.

그런데 당장 여성할당제만 보아도 앞서 살펴본 것처럼 공적 영역에만 적용되는데다 실제로는 남성이 더 혜택을 보고 있던 제도이고, 군 복무 또한 과거에 이미 선행된 성차별의 결과이지 그 자체가 성차별을 가능하는 기준이 되기 어렵습니다. 군대는 가부장제 사회에서 남성 집단의 권력과 남성성을 유지·강화하기 위한 수단이기도 했습니다. 국가를 지키는 것은 남성이면 충분하다는 남성중심적 사고에서 출발한 것이 바로 징병제*인 것입니다. 물론 임금과 인권, 폭력 문제 등 군대 내 해결해야 할 문제가 산적한 것은 사실이지만, 이러한 구조적 문제 또한 계급 중심의 남성 집단 내에서 발생하고 있습니다. 또 징병제를 제도화한 것은 누구일까요? 한국 징병제는 한국전쟁 발발 직후인 1951년부터 실시되었는데요. 당시 정치적 권력을 가진 입법권자들, 즉 징집제를 만든 것도 결국 남성들입니다.

여성이 군대에 가면 우리 사회가 성평등해질까요? 애당초 왜 여성에게는 군 복무를 의무화하지 않았을까요? 군 징병 문제는 여성을 배려하고 우대하는 과정에서 발생한 역차별이 아니라, 남성중심 사회에서 남성에게만 권리와 책임을 부여했던 성차별의 산물입니다. 이 문제는 여성들을 군대에 보낸다고 해서 해결되지 않아요.

- **징병제** 징병제(징집제)는 국가가 국민을 대상으로 국방의 의무를 강제로 부여하는 제도입니다. 법에서 정하는 일정 연령 이상의 사람들은 반드시 병역판정검사를 받아야 하고, 군인으로 일정 기간 복무해야만 합니다. 대한민국에서는 일정 연령 이상의 남성들만 군대에서 복역할 의무가 있습니다.

(함께 고민하고 말하고 싶어)

1

여성들은 왜 정치적 영역에서 배제되고 소외되어 왔을까요? 왜 정치는 남성들의 영역이라고 생각되었을까요? 이는 어떤 성별 고정관념 때문에 발생한 차별일까요? 오늘날 그러한 생각들은 과거와 비교해 무엇이 다른가요?

○ 여자는 ＿＿＿＿＿＿해서 정치를 해서는 안 된다.
○ 여자는 ＿＿＿＿＿＿해서 정치를 할 수가 없다.

● 남자는 ＿＿＿＿＿＿해서 정치를 해야만 한다.
● 남자는 ＿＿＿＿＿＿해서 정치를 할 수가 있다.

2

영화 〈서프러제트〉에 등장하는 여성 참정권 운동가들의 투쟁은 오늘날 여성운동보다 훨씬 더 과격합니다. 관공서에 돌을 던지기도 하고 우체통에 불을 지르기도 합니다. 감옥에 끌려가서도 단식투쟁을 이어가다가 간수들이 코에 고무 튜브를 꽂아 강제 급식을 했다고도 전해집니다. 왜 여성들은 희생을 감수하면서까지 참정권을 갖기 위해 노력했을까요? 참정권은 우리 삶에 어떤 영향력과 힘을 가질까요?

3 '여성 참정권을 인정하지 않는 지구상의 유일한 국가'를 검색해 봅시다. 어떤 문제 때문에 여성 참정권이 보장되지 않는 건가요? 여성 참정권만 불가한가요? 어떻게 해결할 수 있을지 토론해 봅시다.

4 여성 공직자가 아닌 일반 시민 여성들의 정치참여 권한과 기회는 어떨까요? 여성들이 접하기 쉽도록 정치적 지식과 정보가 제공되고 있는지, 주체적·독립적으로 정치적 판단을 하고 이를 바탕으로 투표에 임하고 있는지, 정당 활동이나 일상적인 참정권 행사에 성별 차이나 조건의 격차는 없는지 정보를 수집해 보고 토론해 봅시다.

5 제도적 남녀동수법은 아직 없지만, 남녀동수법이 말하는 선출직 후보의 남녀 동일 비율을 실천하는 정당은 없나요? 만약 있다면 어떻게 가능했는지 살펴봅시다.

힌트 20대 치러진 총선에 후보를 낸 9개 정당 중에 남녀동수제를 실천하는 정당이 있습니다! 어느 정당일까요?(중앙선거관리위원회 조사, 2020년 2월 12일 기준)

5부

젠더와 외모

몸을 통해
연결되는 우리

질문 있어요

Q1. 사람들이 내 외모와 복장만 쳐다보는 것
   같아요. 제가 예민한 걸까요?

Q2. 마네킹 몸매는 왜 우리와 이토록 다른가요?

Q3. '예쁘다', '잘생겼다'라는 말은 칭찬 아닌가요?

여러분은 어떤 몸과 외모를 갖고 있나요? 또 어떤 외모로 살고 싶나요? 성별에 상관없이 어떤 외모를 보았을 때 부러운가요? '아름다움'에 대해 생각해 본 적 있나요? 우리는 어떤 몸을 아름답다고 평가하나요? 그 기준은 무엇인가요? 스스로 아름답다고 생각하나요? 다이어트나 헬스, 메이크업을 해 본 적 있나요? 우리는 사회는 어떤 몸을 멋있고 정상적이라고 생각하나요? 반대로 어떤 몸을 못생겼다거나 비정상적이라고 보나요?

　인간의 외모에 대한 '아름다움 기준'이나 '정상성 규범'은 절대적인 것이 아니라, 특정 사회의 맥락 속에서 구성됩니다. 이러한 기준과 규범은 인간의 몸을 둘러싼 생각에 큰 영향을 끼치는데요. 이번 장에서는 인간의 몸과 외모의 '기준'과 '정상성', '아름다움'에 작동하는 젠더에 관해 이야기를 나눠 보겠습니다.

인간은 몸을 통해
세계와 연결된다

인간과 몸은 깊이 연결되어 있습니다. 몸이 있으므로 실재하고, 몸의 생존을 위해 노동을 하며 최소한의 안전이 필요하기도 합니다. 몸을 동등하게 대우하기 위해 정치가 필요하기도 하고요. 몸을 통해 나와 타인을 구분하고 연결되기도 하면서 한 사회를 구성하며 살아갑니다.

인간과 사회를 이해하는 데 있어 '몸'은 매우 중요한 분석 대상이 되지만, 사실 몸에 대한 연구나 성찰은 그동안 아주 부족했습니다. 인간의 감정과 본능, 몸보다는 인간의 이성과 지성을 동물과 인간을 구별 짓는 특성이라고 여겨 귀히 여겼고, 몸과 본능은 이성으로 통제해야 하는 열등한 것으로 보아왔습니다.

그러나 인간은 끊임없이 몸을 통해서만 세계와 만날 수 있습니다. 몸은 개인과 세계를 연결하는 쌍방향 통로이자 매개가 됩니다. 우리가 오늘 어떤 한 사람을 만난다는 것은 곧 그 사람의 몸과 마주한다는 사실과 다름없습니다. 사람은 과거 경험에서부터 오늘의 감정, 개인 차원의 어려움과 욕구뿐만 아니라 가족·친구·마을 등 사회적 차원의 욕구와 갈등, 만족을 느끼는 다양한 층위의 몸을 가진 인격체입니다. 결국 특정 사회에 존재하는 몸에 관한 이야기를 한다는 것은 인간과 그를 둘러싼 사회를 이해하는 데 있어 매우 중요한 매개가 되는 거죠. 그래서 몸은 생물학적 관점에서만 연구 대상이 되는 것이 아니라, 사회적이고 문화적 차원에서 중요하게 연구되어야 할 필요가 있습니다.

1934년 프랑스의 인류학자 마르셀 모스는 '몸 테크닉'이라는 개념을 통해 사회적·문화적으로 '구성되고 형성되는' 몸에 대해 말했습니다.

"몸의 움직임을 습득하는 방식은 사회, 교육, 관습, 유행, 명예에 따라 다르다. 사회에 따라 몸을 사용하는 방식에 대한 기준이 다르며, 한 사회에서 살아가는 사람들은 자신의 성별, 나이, 직업, 위계 등에 따라 다른 방식의 몸 테크닉을 모방과 학습을 통해 배우고 몸에 장착한다."

사람들이 걷는 모습을 상상해 볼까요? 예컨대 군인들이 걷는 방식을 보면 유럽 군인이나 한국, 북한의 군인들이 걷는 방식이 다를 거고요. 모델도 여성 모델과 남성 모델의 걸음걸이가 다릅니다. 또 뉴질랜드 마오리족이 걷는 방식과 아프리카 원주민이 걷는 방식도 다릅니다. 여성과 남성이 걷는 방식, 성직자와 수녀님들이 걷는 방식도 다르리라 상상해 볼 수 있죠. 즉 몸을 이용한 행동 방식은 사회적·문화적인 요소가 복합적으로 교차하고 융합되면서 만들어진다는 것입니다. 그러니 몸을 더 자세히 살펴볼 이유는 충분합니다.

몸을 통해 드러나는 우리 사회

'차별'은 매우 구체적이고 현실적인 개념입니다. 두루뭉술하고 추상적인 저세상 어딘가에 있어 나와는 상관없는 것이 아니라, 개인의 삶과 몸에 매우 구체적이고 집요하게 작동하는 불합리하고 부정의한 현실에 관한 것입니다. 개인이 어찌 바꿀 수 없는 여러 선천적인 정체성과 사회적으로 위계화된 위치성이 교차하는 가운데 권력이 움직이면서 만들어지는 것이 바로 차별이죠. 아직 사회적 논쟁이 계속되고 있는 '차별금지법'을 들여다보겠습니다.

"성별, 장애, 나이, 언어, 출신 국가, 출신 민족, 인종, 국적, 피부색, 출신 지역, 용모 등 신체 조건, 혼인 여부, 임신 또는 출산, 가족 및 가구의 형태와 상황, 종교, 사상 또는 정치적 의견, 형의 효력이 실효된 전과, 성적 지향, 성별 정체성, 학력(學歷), 고용 형태, 병력 또는 건강 상태, 사회적 신분 등"을 이유로 한 정치적·경제적·사회적·문화적 생활의 모든 영역에서 합리적인 이유 없는 차별을 금지·예방하고 복합적으로 발생하는 차별을 효과적으로 다룰 수 있는 포괄적이고 실효성 있는 차별금지법을 제정함으로써 (이하 생략)

- 장혜영 의원 등 10인 발의, 제2101116(2020. 6. 29.), 제379회 국회(임시회)

위 지문은 2020년에 발의된 '차별금지법안'[28] 첫 페이지에 명시된 '제안 이유'의 일부입니다. 큰따옴표 안에 나열된 차별의 이유 중 외모(몸)로 드러나는 것들을 공란에 써 봅시다.

차별의 이유가 외모(몸)인 것들

놀랍지 않나요? 인간의 몸은 단순히 생물학적인 몸 그 이상의 의미를 내포하고 있으며, 대부분의 사회적 차별은 인간의 몸을 통해 드러납니다. 몸은 우리가 사는 사회를 반영하는 사회적 산물인 거죠. 그러므로 인간의 몸을 분석한다는 것은 우리 사회를 분석한다는 것과 동일 선상에서 이해되어야 합니다.

전형적인 외모 품평

지역사회 청소년과 만날 기회가 종종 있습니다. 주로 시민교육이나 문화 다양성 교육, 성평등 교육, 성폭력 예방 교육, 성교육 등을 통해 만나는데요. 매년 초 교안을 짜면서 어떤 이야기를 함께 나눌지 고민을 합니다. 혐오 표현에 작동하는 젠더가 좋을까? 몸에 작동하는 젠더는 어떨까? 미디어 속 젠더? 아니면 언어 속 젠더? 이런저런 고민 끝에 1년 동안 한 가지 주제를 두고 청소년들과 만나는 거죠. 그중 한 번은 우리 외모를 젠더로 분석하는 작업을 했는데요. 제가 이런 활동을 제안했어요.

"얼굴, 피부, 몸매, 복장, 자세와 표정 등에 대해 직간접적으로 듣거나 경험한 칭찬과 비난, 그리고 명령어들을 포스트잇에 적어서 해당 신체 부위에 붙여봅시다."

처음에는 "저는 그런 말 들은 게 없어요.", "기억이 안 나요."라고 했던 참여자들이 어느새 자기 경험을 하나둘 끄집어내더니 칠판의 전지 크기 사람 모형에 가득 붙였습니다. 저뿐만 아니라 모두가 놀랐지요. 일상에서 경험한 '외모에 관한 말들'이 이렇게나 많다니요.

> **여자 청소년들이 외모에 관해 칭찬으로 받아들인 말들**
>
> "피부가 하얗다", "얼굴이 달걀형이라 참 예쁘다", "눈이 참 크다", "쌍꺼풀이 크고 진하다", "손가락이 길고 예쁘다", "다리가 길어 치마 입으면 예쁘다", "머리 길이도 길고 여리여리하다", "늘씬하고 말라서 옷발이 잘 받는다", "머릿결이 좋다"
>
> **남자 청소년들이 외모에 관해 칭찬으로 받아들인 말들**
>
> "어깨 떡 벌어진 거 봐라", "덩치가 커서 든든하다", "남자답게 생겼다", "목소리가 두껍고 낮아서 멋있다", "키가 훤칠하니 멋있다"

'여자다움', '남자다움' 같은 고정관념은 옛말이 아니었습니다. 몸과 외모에 대한 평가와 아름다움의 기준은 여전히 전통적인 성별 고정관념 틀 안에서 한 발짝도 벗어나지 않았더라고요. 인간의 몸을 성별에 따라 다른 기준으로 품평하고 칭찬하는 것도 여전하고요. 예컨대 '어깨가 떡 벌어졌다'라는 말을 남자아이들은 칭찬으로 인식했지만 여자아이들은 결코 칭찬이 될 수 없다고 했습니다. 여성의 몸은 작고 날씬하고 여리여리해야 아름답다고 여겨지기 때문이지요.

반면 여자아이들에게 칭찬으로 들린다는 '손가락이 가늘고 길다'라는 말이 남자아이들은 달갑지 않다고 했습니다. 가늘고 긴 손가락을 가진 남자는 '남자애 손이 그게 뭐냐', '그 손으로 나중에 처자식 먹여 살리겠냐'라는 소리를 듣곤 한다는 거예요. 이처럼 외모 칭찬도 젠더 관점으로 분석해 보면 매우 성별화되어 있는 것을 알 수 있습니다. 그리고 결정적으로 우리 몸이 꼭 아름다워야 할 이유가 있습니까?

칭찬과 비난 사이, 외로운 줄타기

청소년들이 외모에 관해 비난이나 평가로 느낀 내용들을 신체 부위별로 정리해 보았습니다. 여러분도 비슷한 경험이 없는지 함께 살펴봅시다.

외모에 관한 비난·평가로 느낀 말들

남성	부위	여성
눈이 멸치 같다. 기지배 같이 생겼다. 남자애가 머리를 왜 기르냐. 사내자식이 화장을 한 거냐? 머스마가 웬 귀걸이냐.	얼굴	피부가 안 좋다. 볼에 살이 많다. 눈이 왜 그렇게 작고 쌍꺼풀이 없냐. 앞트임 하면 예쁠 텐데. 코가 너무 낮다. 피부가 까맣다. 머리를 왜 짧게 잘랐냐. 좀 꾸미고 다녀라. 입술이라도 바르고 다녀라. 여자애가 거울 좀 보고 다녀라. 좀 웃어라, 표정이 왜 무섭냐. 보름달 같다. 맏며느리 같다.
여자애 손 같다.	손	손가락이 짧고 안 예쁘다. 손톱이 안 예쁘다. 손바닥이 두껍다. 손마디가 두껍다.
키가 너무 작다. 남자애가 왜 그렇게 어깨가 좁냐. 왜 그렇게 말랐냐.	체형	여자애가 뚱뚱하면 안 돼. 살 좀 빼. 너무 말라서 라인이 안 산다. 종아리가 알이 배어서 두껍다. 키가 너무 크다. 목이 짧다. 허벅지 살이 너무 많다. 발이 너무 크다. 엉덩이가 너무 작다/크다. 여자가 팔뚝이 왜 그렇게 두껍냐.
목소리가 왜 그렇게 얇냐.	기타 (목소리, 행동 등)	여자애 목소리가 왜 그렇게 낮냐. 팔자 걸음걸이 고쳐라. 다리 오므리고 앉아라. 여자애가 글씨체가 그게 뭐냐. 못생겼으면 웃기라도 해야 한다.

외모에 관한 평가의 말들이 셀 수 없이 쏟아졌습니다. 비슷한 유형의 말이 네다섯 개씩 중복되기도 했고, 전혀 생각지도 못했던 내용이 나오기도 했죠. 하나씩 살펴보면서 서로가 들었던 외모 평가에 대해 비판적으로 다시 읽어보았습니다.

그런데 여기서 우리가 자세히 들여다봐야 할 것은 외모에 대한 칭찬과 평가들이 성별에 따라 무엇이 다른지에 관한 것입니다. 일단 한눈에 보기에도 여자 청소년들이 경험한 부정적 외모 평가들이 훨씬 많아 보이죠? 얼굴을 비롯한 신체 곳곳이 다양하게 지적받고 있다는 것도 알 수 있습니다.

또 대부분 성별 고정관념에 입각한 평가들임을 알 수 있습니다. 남자 청소년은 머리가 길면 지적을 당하고 여자 청소년은 머리가 짧으면 지적을 당합니다. 여자 청소년이 쌍꺼풀이 짙고 눈이 크면 예쁘다는 소리를 듣지만, 남자 청소년은 여자같이 생겼다는 지적을 받습니다. 남자 청소년은 키가 작고 말라 비난을 받고, 여자 청소년은 키가 너무 크고 뚱뚱해서 비난을 받죠. 남자 청소년은 목소리가 얇아서 남자답지 않다는 말을 듣고, 여자 청소년은 목소리가 낮고 두꺼워서 여자답지 않다는 말을 듣습니다.

남성은 여성과는 정반대로 꾸밀 자유가 없는 '사내자식'이자 '머스마'로 호명됩니다. 여성은 거울을 보지 않고, 입술을 바르지 않고, 꾸미지 않을 때 지적을 받지만, 남성은 비비

크림을 바르거나 귀걸이를 하는 등 꾸몄을 때 비난의 대상이 되죠. 또 여성은 성별화된 외모 기준을 강요받기도 하지만, 여성 내부에서도 '이중 기준' 때문에 언제나 위태로운 줄타기를 합니다. 너무 말라도 너무 뚱뚱해도 여자답지 못하고, 엉덩이가 너무 크거나 작아도 칭찬과 비난을 받습니다. 마른 몸이 되기 위해 끊임없이 깎고 숨기고 다이어트해야 하지만 동시에 너무 마른 몸이 되면 볼품없다는 이중적인 평가를 받죠. 청소년이지만 여성이기 때문에 여자 청소년은 성적 대상화되기도 하고, 아직 보호받아야 할 연약하고 순결한 존재로도 보여야 합니다. 이러한 이상한 외모 기준은 도대체 어디에서부터 왔을까요?

'아름다운' 외모와 몸에 대한 기준은 고스란히 나와 가족, 친구와 사회, 미디어 속에서 더욱 강해지면서 나 자신도 내면화하게 됩니다. 아무리 외모에 대해 신경을 안 쓴다고 해도 이왕이면 좋은 피부를 위해 화장품을 고르고, 이왕이면 날씬해 보이는 바지를 고르게 됩니다. 이왕이면 어깨가 넓어 보이는 옷을 사고 키를 더 크게 하기 위해 의료 기술의 힘을 빌리기도 하죠. 내 몸과 행동을 계속해서 검열하게 됩니다. 이러한 맥락에서 '외모 칭찬'은 다시 생각해 봐야겠습니다. 칭찬한다는 것은 결국 특정 평가 기준이 존재한다는 뜻입니다. 비난 또한 마찬가지고요. 보는 사람의 기준이 이미 정해져 있기 때문에 그 기준에 미치지 못했을 때 듣게 되는 것이 비난과 평가잖아요? '외모 칭찬'도 '외모 비난'도 결국 특정 외모 기준을 강화하는 평가 장치인 겁니다.

이 글을 읽고 있는 여러분도 위와 같은 경험이 있다면 한번 생각해 봅시다. 나에게 외모 평가를 했던 사람들은 누구인지, 어떤 기준에 부합해야 한다는 메시지를 준 것인지, 성별에 따라 왜 이토록 정반대의 외모 기준을 갖게 되었는지, 우리는 왜 이러한 외모 기준을 그다지 불편하게 생각하지 않는지, 내 외모를 가꾸기 위해 나는 어떤 행동을 해 보았는지, 반대로 외모 지적에 저항하기 위해 어떤 행동을 해 보았는지, 나는 정말 내 몸과 외모를 사랑하는지 말입니다.

어떤 사람을, 어떤 몸과 외모를 우리 사회가 아름답다고 여기고, '정상'으로 수용하는지를 이해하는 것은 민주주의와 젠더 논의에서 매우 중요합니다. 앞서 언급한 것처럼 사회의 여러 차별은 인간의 몸을 통해 드러나는 경우가 많기 때문입니다. 우리의 몸은 '어떤 박스'에 갇혀 있는 걸까요? '차별받지 않기 위해, 비난받지 않기 위해 우리가 어떤 몸이 되려고 노력하는가'는 중요한 사회적 척도가 될 수 있습니다.

꾸미지 않을 자유 '탈코르셋 운동'

여성을 성적 대상화하는 사회의 요구를 거부하고 다양한 몸의 존재를 보여준 대표적 운동으로 10대, 20대 여성들을 중심으로 전형적인 여성의 외모를 둘러싼 고정관념에서 벗어나기 위해 긴 머리, 하얀 피부, 화장, 하이힐, 치마 등의 꾸밈을 거부하는 운동을 말합니다. '코르셋'은 19세기에 여성들이  몸매 보정을 위해 입었던 속옷을 뜻하는데, 여기서는 여성의 몸에 강요되는 성별 고정관념을 탈피하자는 의미로 사용됩니다.

성형수술,
젠더로 다시 보기

얼마 전 지인이 간단한 수술을 위해 서울 강남구에 있는 병원에 갔다가 적잖게 놀라서 하는 얘기를 들었습니다. 병원이 밀집한 거리를 지나가는데, 한 건물에도 몇 개씩이나 성형외과가 즐비했다는 거예요. S역 사거리에 서서 세 본 성형외과 간판만 52개가 넘는다고 하니, 가히 '성형외과 거리'라는 이름이 붙을 만하다는 생각이 듭니다.

국제미용성형외과학회에 따르면 2017년 기준 한국 성형시장 규모는 약 5조 원대로 세계 성형시장(약 21조 원 수준)의 4분의 1을 차지한다고 합니다. 인구 1,000명당 연간 성형수술 건수는 13.5건으로 세계 1위를 차지하고요. 오죽하면 외국에서 성형수술을 위해 한국으로 원정을 올까요. 국내 성형

시장이 얼마나 크고 활발한지 짐작해 볼 수 있습니다.

전문가들은 한국인들이 외모에 대한 강박이 매우 극단적이라고 지적합니다. 눈, 주름, 코, 가슴, 지방흡입 등 대표적 성형수술뿐만 아니라 다이어트, 메이크업, 피부과 시술, 눈썹 문신이나 속눈썹 펌 같은 비외과적 시술 등 외모에 관한 일상적 관심과 집착이 개인의 문제로만 치부하기 어려운 상황이라고요. 성별에 따른 '규격화된 아름다움'을 기준으로 서로의 몸을 평가하고 순위를 매기고, 내 몸마저 있는 그대로 사랑하지 못하는 문화를 바탕으로, 누군가는 수술대에 몸을 맡기고 누군가는 큰돈을 법니다.

그런데 신기한 것은 성형수술을 하는 사람 대부분이 20~30대 여성이라는 거예요. 외모와 성형수술에 대한 인식을 조사한 한국갤럽의 2020년 연구[29]는 20대 여성의 성형수술 경험률을 25%, 30대 여성은 31%라고 보고하고 있습니다. 또 성인 남성의 2%, 성인 여성의 18%가 성형수술을 한 적 있다고 답했는데요. 성별에 따른 차이가 무려 9배가량이고, 주로 특정 연령대의 여성들이 성형수술을 훨씬 더 많이 하는 것을 알 수 있습니다. '외모 자본', '외모 재능', '얼굴이 특기'와 같은 표현들이 큰 문제의식 없이 소비되는 우리 사회에서 미적 기준을 향한 갈망과 욕구는 무리한 다이어트와 성형수술 열풍으로 이어집니다. 그러나 사실 아름다움이라는 것은

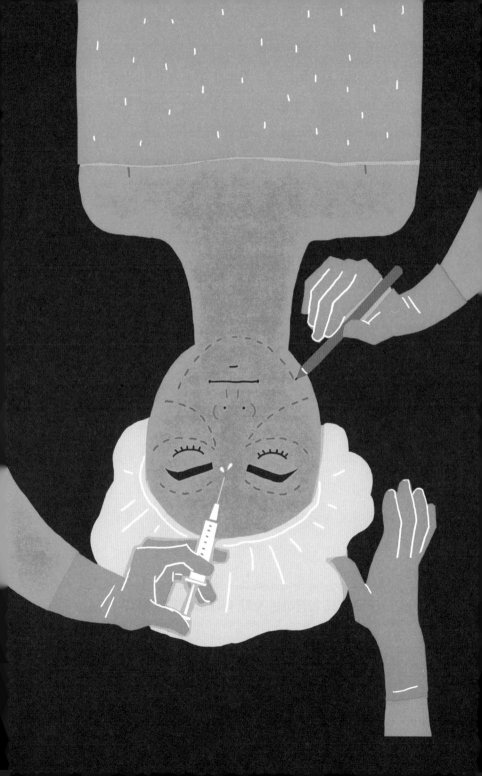

만족 불가능한 것 아닌가요? 완벽한 아름다움이 있습니까? 실제로 성형은 한번 하고 나면 끝나는 것이 아니라 반복해서 수술하게 되는 사례가 많다고 해요.

성형수술 해주는 의사들이 나쁘다거나 성형하는 여성을 비난하려는 게 아녜요. 성형수술을 젠더 관점에서 이야기하는 이유는 획일화된 몸의 기준 역시 성별화되어 있다는 문제점을 나누기 위해서입니다. 누구나 외모에 대한 불만족이 있을 수 있지만 왜 성형 산업이 여성 소비자를 중심으로 발전해 왔는지 봐야 한다는 거죠. 아름다움을 판가름하고 판단하는 주체는 누구인가요? 다시 말해 누구의 시선으로 누구를 판단하는 건가요? 누군가의 몸을 보고 '아름답다'고 판단하는 권력은 누구에게 있나요? 그렇다면 '아름다운 여성의 몸'이라고 하는 것은 정작 누구의 욕망입니까? 주체의 욕망입니까, 대상의 욕망입니까? 여성의 몸을 꾸며 소비 가치가 있게 재구성하고자 하는 욕망의 기원은 여성의 몸을 부위별로 파편화하고 성적 대상화해 온 성차별적 사회에 있습니다.

어린이도 화장하는 사회, 이대로 괜찮은가요?

외모에 강박을 갖는 사회이다 보니, 청소년도 예외가 될 수 없습니다. 대학 입시 시험을 치르고 겨울방학이 되면 많은 여성 청소년이 쌍꺼풀 수술이나 다이어트를 합니다. 여름·겨울방학이 되면 성형외과에서는 '1+1 친구 동반 할인', '세트 할인' 등 이벤트 광고들이 쏟아지죠.

녹색소비자연대전국협의회 소속 녹색건강연대가 전국 남녀 초·중·고등학생 4,736명을 대상으로 조사한 결과[30] 초등학생의 12.1%, 중학생의 42.9%, 고등학생의 32.3%가 매일 색조 화장을 한다고 답했고, 초등 여자 어린이의 42.7%, 중학생의 73.8%, 고등학생의 76.1%가 눈이나 입술 등에 색조 화장을 해 보았다고 응답했습니다. 반면 남학생은 초·중·고등학생 모두 3% 미만으로 나타났습니다. 상황이 이러하니 식품의약품안전처에서는 청소년용 화장품 사용법을 안내한 책자를 발간하거나 관련 교육을 제공하기도 했죠.

요즘은 초등학생들이 메이크업에 대한 영상을 찍어 플랫폼에 올리기도 하고, 쇼핑몰에서 어린이용 화장품을 찾기도 어려운 일이 아닙니다. 아직 한글도 잘 모르는 나이에 여자 아이들은 화장대 거울을 앞에서 화장품을 발라보면서 아름다움의 기준을 배우고 있는 거죠. 오죽하면 어른처럼 화장을 하고, 성숙한 옷을 입는 아이들을 가리키는 말인 '어덜키즈(성인 adult + 아이들 kids)'라는 말이 나왔겠어요.

외모강박을 반영하는
'개말라인간'

　체중에 대한 왜곡된 인식과 강박도 심각한 수준입니다. 한국청소년정책연구원의 연구[31]에 따르면 중학생 중 정상체중에 속하는 여학생의 42.4%가 자신을 과체중으로 생각해 다이어트를 해야 한다고 답했습니다. 남학생도 여학생에 비해서는 낮지만 26.6%가 정상체중인데도 스스로 과체중이라고 여기고 있었습니다.

　비청소년에게도 다이어트는 평생의 관심거리이자 숙제입니다. 외모에 대한 강박과 불만족은 헬스·수영·요가·러닝 등의 운동 관련 기구에서부터 식단 관리, 의료 시술과 에스테틱, 마사지, 한약과 양약, 보조제와 의류까지 이어지며 이 모두가 다이어트 산업의 기반이 됩니다. 밥을 많이 먹거나 야식을 먹으면 죄책감에 시달리고, 운동을 거른 날에는 왠지 더 몸이 부대끼는 것 같고요, 지방을 녹여 배출해 준다는 다이어트 보조제나 유산균은 인터넷·TV 광고의 주된 소재가 됩니다. 병원은 한방, 양방 상관없이 비만 치료를 한다며 각종 처방을 내리고, 에스테틱에서는 한 달에 몇 킬로그램의 체중을 빼준다고 현수막을 겁니다. 그리고 이 모든 산업의 주 소비자 계층은 여성, 여성, 여성, 바로 여성입니다.

창살 없는 '외모 감옥'

저도 다이어트에 관심이 많았던 청소년기와 청년기 시절을 지나왔는데요. 다이어트 가루를 우유나 물에 타서 아침, 저녁으로 먹기도 하고, 한 가지 음식만을 조금씩 먹는 원푸드 다이어트도 여러 번 해 보고, 몸속의 독소를 빼준다는 주스나 수프를 만들어 먹기도 했습니다. 매일 저울에 올라 체중이 얼마나 빠졌는지 확인하고, 안 맞던 바지가 맞는지 안 맞는지, 턱선이 조금이라도 날카롭게 살아났는지 거울을 보며 체크하던 제 모습이 떠오르네요. 그런데 지금 생각해 보면, 한 살 터울의 남동생은 저처럼 다이어트에 진심이지 않았습니다. 별명이 '0.1톤'이었는데도 말이죠. 그러고 보면 마른 몸에 대한 욕구와 다이어트도 매우 성별화되어 있다고 보이지 않나요?

그런데 정상체중과 과체중을 나누는 기준은 어디에 있을까요? 어디서부터가 마른 몸이고, 정상적인 몸이고, 비만인 몸인가요? 여기서 하나 짚고 넘어가야 할 점이 있는데요, 바로 BMI^{Body Mass Index}(체질량 지수)라는 수치에 관한 것입니다. BMI는 성인들의 비만도를 판단하기 위해 만들어진 지수로 몸무게(kg)를 키(m)의 제곱으로 나눈 값입니다. 계산이 쉬워 많이 사용되고, 1990년대 세계보건기구^{WHO}가 비만 진단에 BMI를 공식적으로 활용하면서 관련 분야에서 광범위하게 사용되고 있지요.

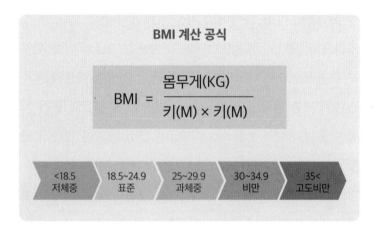

그런데 이 수치의 문제는 특별히 비만으로 보이지 않는 보통 사람도 대개 비만이라는 결과가 나온다는 데 있습니다. 알고 보니 이 수치는 의료적 진단을 위해 의사들이 모여 정한 것도 아니고, 과학자가 만든 것도 아니고, 1895년 한 보험회사가 고객들의 키와 나이, 체중을 작성한 표에서 유래되었다고 해요. 이 지수로 진단하면 한국 여성의 약 25%가 비만이 된다는데요. 여러분도 한 번 계산해 보시겠어요? 키는 센티미터가 아니라 미터를 단위로 하는 것에 유의해서요. 여러분이 생각했던 지수가 맞나요? 예상과 다르다면 어떤 부분이 빗나갔나요?

청소년 문화는 기성세대의 사회를 그대로 반영합니다. 관습과 고정관념이 미디어를 통해 오늘날 사회에 그대로 투영되기 때문이지요. 2019년부터 10대 청소년들 사이에서 '프로아나pro-ana'라는 말이 유행처럼 확산했는데요. 찬성을 의미하는 'pro'와 거식증을 의미하는 'anorexia'의 합성어로 '거식증에 찬성한다'는 뜻입니다. 극단적으로 마른 몸매를 만들기 위해 무작정 굶거나 먹고 토하기를 반복하고, 변비약 등을 습관적으로 먹으면서 #프로아나, #개말라, #뼈말라 등의 해시태그와 함께 SNS에 자신의 식습관을 공유한다고 하는데요. 마른 몸을 위해서는 심각한 병도 마다하지 않겠다는 청소년들의 이야기를 좀 들어봅시다.

"'개말라'가 장래희망. 부러질 것 같다는 소리 듣고 싶다. 살만 찌우는 급식 다 버릴 때 희열을 느낀다."

"요새 먹토(먹고 토하기)하고 있는데 부모님께 들킬 뻔했다. 앞으로 먹토는 주말이나 평일 일찍 해야지."

"개말라가 낯 가리면 쑥스러워 한다면서 귀엽다고 하고, 뚱뚱한 사람이 낯 가리면 못생겼는데 사교성도 없단 소리 듣는다. 개말라는 과학이다."

외모 평가의 최대 폐해는 바로 위와 같은 지점에서 잘 드러납니다. 외모의 정상성과 아름다움에 강박적으로 집착하는 사회 현상은 결국 타인의 몸을 평가하고 순위 매기는 데 그치지 않고 나를 포함한 우리 모두를 가두는 '외모 감옥'을 건설하게 되는 거죠. 국민건강보험공단에 의하면[32] 거식증 진료는 매년 증가하고 있고 성별에 따른 차이도 큽니다. 성별·연령별로 보면 10대 여성이 가장 많고, 20대 여성도 적지 않아 '마른 몸 강박'이 10~20대 여성들에게 집중된 것을 알 수 있습니다. 지금 여성의 몸은 그야말로 전쟁터입니다. 성형해야 하고, 다이어트해야 하고, 꾸며야 하고, 화장해야 합니다. 여성들의 외모 감옥의 벽은 점점 더 단단해지고 있습니다. 내 몸을 있는 그대로 사랑하지 못하고 비난하기에 타인의 몸을 비난하는 것도 쉽습니다. 결국 살아 숨 쉬는 나와 내 옆 사람의 몸이 아니라 미디어 속 연예인들의 몸만 선망하고 욕망하게 되는 것이죠. 더군다나 먹고 토하기를 반복하며 스스로 몸을 학대하는 사이 한참 성장기인 청소년기에 위장질환이나 근육 감소 등의 문제가 발생하여 몸 전체 기능이 저하되기도 한다니 이만저만 걱정이 아닙니다.

언제부터 '마른 몸'이 우리의 욕망이 되었을까요? 내 몸을 미워하고 부정하면서 타인의 몸이 말하는 불평등의 고통과 아픔에 대해 이해할 수 있을까요? 여성의 몸과 외모에만 집중·집착하는 사회에서 다양한 아름다움을 찾기란 어려운 일입니다. 획일화된 아름다움을 좇는 사이에 우리 몸은 각자의 창살 없는 감옥에 갇혀 신음하고 있습니다. 인간의 몸은 백이면 백 모두 다릅니다. 세계 인류는 다양성을 기반으로 이동하고 섞이며 엄청난 인류 위기들을 극복하고 생존해 왔습니다. 애초에 하나의 아름다움이란 있을 수 없습니다. 아름다움이라는 가치는 인간의 몸을 평가하기 위한 잣대가 아닙니다. 우리 사회에 '정상적이지 않은, 아름답지 않은, 못생긴, 날씬하지 않은' 다양한 몸들이 훨씬 더 드러나야 할 것입니다.

광고 속 젠더,
'성적 대상화'

몸에 대한 논의에서 '성 상품화', '성적 대상화'는 빠질 수 없으므로 광고 미디어를 중심으로 간략히 짚어보겠습니다.

앞서 성폭력의 발생 원인을 다룰 때 '성적 대상화'에 대해 가볍게 이야기하긴 했지만, 사실 이는 결코 가벼운 이야기가 될 수 없습니다. 인간이 인간을 인간 존재로 여기지 않고, 소비할 물건이나 성적 대상으로만 간주한다는 뜻을 개념화한 단어가 바로 '성 상품화'와 '성적 대상화'이니까요. 이 개념은 오늘날 미디어를 분석하는 매우 중요한 도구로 활용됩니다. 누가 누구에게 무엇을 파는가, 그리고 인간 존재를 대상화할 수 있는 권력은 오늘날 누구에게 있는가를 비판적으로 살피면서 논의를 이어가 보겠습니다.

전방위적으로 작동하는 성 상품화, 어떻게 할까

기본적으로 광고라는 미디어는 소비자에게 20초가량의 짧은 시간 안에, 또는 한 장의 홍보지만으로 팔려는 물건을 어필하거나 설득해야 합니다. 그래서 매우 함축적이죠. 광고를 본 사람이 오랫동안 기억하도록 상징적 효과도 많이 사용하고요. 특히 여성의 몸을 도구로 하여 상품을 판매하는 현상은 매우 두드러지는데요. 화장품 같은 소비자가 주로 여성인 상품 외에도, 주류나 음료, 자동차, 핸드폰, 온라인 게임이나 샴푸, 병원과 인테리어 용품, 가구나 의약품, 숙박업소나 부동산 앱, 여행 상품을 홍보하는 광고에까지 여성의 몸은 소비되고 상품화되고 있습니다.

실제로 수업 현장에서 특정 광고 이미지의 글자를 가리고 무엇을 광고하는 것인지 질문하면 못 맞추기가 십상입니다. 이쯤 되면 다시 물어야 하는 거죠. 여성의 몸을 광고하는 것인지 물건을 광고하는 것인지 말입니다. 이렇게 팔려는 상품과 직접 관련이 없는 데도 성을 과도하게 이용해 광고하는 것, 그리고 성 자체를 상품(물건)처럼 취급하는 것을 '성 상품화'라고 합니다.

지금 당장 리모컨으로 TV 채널을 몇 번만 훑어보세요. 막대한 광고 시장 안에서 작동하는 '성 상품화'를 발견할 수 있을 겁니다. 편성된 프로그램들 사이의 광고를 자세히 보고 일정 시간 동안 얼마나 많은 성 상품화나 성적 대상화가 발생하는지 체크해 봅시다. 시민으로서 여성의 몸을 성적으로 대상화하는 광고를 감시하고 개선할 것을 요구해야 할 것입니다.

광고 외에도 아이돌 문화나 K-pop 가사, 게임 캐릭터, 유튜브 콘텐츠나 SNS에서도 '성적 대상화'와 '성 상품화' 현상은 전방위적으로 작동하고 있습니다. 관심을 두고 젠더 렌즈로 살펴보면 다 보입니다. 예민한 시청자일수록 날카로운 시민일수록 더 많이 보일 겁니다.

시민성의 기본,
#BodyPositive

　지금까지 '인간의 몸', 특히 '여성의 몸'에 작동하는 젠더
를 살펴보았습니다. 여성의 몸에 대한 아름다움과 정상성의
기준이 남성보다 훨씬 더 강력하게 작동하고 있다는 것도 짚
어보았습니다. 외모지상주의와 외모 강박이 심한 우리 사회
가 말하는 미적 기준이 그대로 나와 우리에게 스며들어 내면
화되는 현상도 알아보았죠. 그러나 아름다움의 기준은 절대
적이지 않고 유한합니다. 인류의 역사와 함께 계속 변화해 왔
고 앞으로도 변해 가겠죠.

　몸에 대한 평가와 비난은 단순히 물리적·생물학적 몸에 대
한 것으로 그치지 않기 때문에 문제가 큽니다. 외모나 사이즈
에 대한 사회적 기준은 단순히 예쁘고/안 예쁘고, 아름답고/

아름답지 않고를 구분하는 기준이 아니라 집단의 삶 전체와 기준, 성향, 내면까지를 평가하는 힘을 가지기 때문이죠. 지금 우리 사회는 몸을 매개로 하여 너무 쉽게 사람을 비난하고 펌하하고 있습니다. 우리는 우리의 몸에 진심으로 사과하고 화해해야 합니다. 외모지상주의의 폐해와 상처로부터 나 자신과 우리 사회를 돌이키는 일을 시작으로 더 다양한 몸들과 마주하고 만나고 연결되어야 합니다. 더 자주 대화하고 사랑해야 합니다. 우리는 결국 이 몸을 통해 타인과 사회와 연결되고 관계 맺고 살아가야 하니까요.

몸 긍정주의 운동: 바디 포지티브 무브먼트

'바디 포지티브 무브먼트Body Positive Movement(몸 긍정주의 운동)'는 성별화된 외모 기준과 여성의 몸에 집착하고 평가하는 사회에 저항하는 움직입니다. 더 다양한 몸을 가시화하고 포용하기 위한 운동으로 획일화된 외모 기준에 반대하고 몸에 관한 모든 차별과 혐오에 저항합니다. 특히 '마르고 날씬한 비장애인 백인 여성'이라는 남성중심적·서구 중심적·비장애 중심적 표준을 거부하고 다양한 체형을 가진 우리 모두의 몸을 있는 그대로 사랑하자는 데 핵심이 있습니다. SNS의

파급력 덕분에 2010년 이후 이 운동은 더욱 퍼져나갔고. 인스타그램에 해시태그를 검색하면 3,000만 개 이상의 결과가 나옵니다(2023년 11월 기준).

다양한 몸을 긍정하는 운동은 앞으로 더 활발해져야 하고, 또 그렇게 될 것이라고 기대합니다. 그러자면 몸 긍정주의 운동은 남들과 다른 몸 때문에 통제당하고 억압받던 사람들을 해방하고 외모지상주의에 저항하는 실천 운동이어야 할 것입니다. 다행히 이러한 운동이 우리 MZ 세대•들을 중심으로 확산하고 있다는 점은 매우 반갑고 자랑스럽습니다. 한창 꾸미기를 좋아할 나이라 여겨지는 젊은 세대가 과거의 외모 기준에 대해 질문하고 자기 몸을 긍정하는 실천을 하고 있다는 사실이 이토록 감격스러울 수가 없습니다.

"우리들의 몸은 모두 다르고, 소중합니다. 비정상인 몸은 없습니다. 인간의 몸은 모두 정상이고, 모두 아름답습니다."

• **MZ 세대** 1980년부터 1994년생까지를 일컫는 밀레니얼(M) 세대와 1995년부터 2000년 출생자를 뜻하는 Z세대를 합쳐 일컫는 말입니다. 통계청에 따르면 MZ세대는 2019년 기준 약 1,700만 명(국내 인구의 약 34%)으로, 디지털 환경에 익숙하고, 트렌드에 민감하며 이색적인 경험을 추구합니다. 특히 SNS 활용에 능숙한 MZ세대는 유통시장에 강력한 영향력을 발휘하고 있습니다.

일주일간 외모 얘기 안 하고
살아보기

몇 년 전 한겨레와 한국여성민우회가 공동으로 일상의 작은 실천을 제안하고 개인의 변화를 통해 사회 변화를 꾀하는 '해보면 달라져요'라는 프로젝트를 기획한 적이 있습니다.

첫 번째 실천은 '일주일간 외모 얘기 안 하고 살아보기'[33]였는데요. 이 프로젝트를 통해 참여자들은 일상에서 아무 생각 없이 스스로 얼마나 외모에 대한 평가를 특별한 의도 없이 주고받아 왔는지 깨닫게 되었습니다.

우리는 친한 친구나 가족 간은 물론 처음 만나는 사람과도 외모에 대한 이야기를 끊임없이 합니다. 예컨대 "오늘 좋아 보이네?", "예쁘게 하고 어디가?", "화장했네. 오늘 데이트 있나 봐?", "머리가 그게 뭐야?", "얼굴이 푸석한 게 어디 아퍼?", "살 좀 붙었다?", "연예인 ○○ 닮았네요?", "날씬한데 무슨 다이어트야?", "5킬로그램만 빼면 딱 좋을 것 같은데?"….

아침 인사에도, 칭찬도, 걱정에도 외모에 대한 평가가 바탕이 되는 경우가 매우 많습니다. 우리는 끊임없이 내 기준으로 타인의 몸을 평가하고 저울질하고 있는 것이지요.

여러분은 평소 외모에 대한 이야기를 얼마나 하나요? 내가 다른 사람과 나누는 대화를 면밀하게 관찰합시다. '일주일 동안 외모에 관해 말하지 않기'를 같이 도전해 볼까요? 성공했는지, 실패했는지, 그리고 외모에 관해 주로 어떤 말을 많이 하는지 발견해 봅시다. 일주일이 실패했다면, 단 하루만이라도 재도전!

(함께 고민하고 말하고 싶어)

여성에게는 '순결한 여성'과 동시에 '아름다운 여성'이라는 프레임이 강력하게 작동합니다. 섹시할 것을 요구받으면서도 성적 존재이면 안 되고, 순결할 것을 요구받으면서도 섹시한 몸을 강요받고 있습니다

1 여성의 몸과 성에 대한 이중 억압의 원인은 무엇일까요?

외모 때문에 고통받던 참여자들을 국내 최고의 의료진이 성형, 다이어트, 치아 교정, 헤어 관리 등을 해주어 완전히 다른 외모를 갖게 함으로써 희망찬 삶을 살아갈 수 있게 한 TV 프로그램이 있었습니다. 외모 탓에 위축된 참여자를 회복시키고 용기를 줄 뿐만 아니라 외모를 획기적으로 변화시켜 선풍적인 인기를 끌었지요.

2 여러분은 이러한 프로그램에 대해 어떻게 생각하나요? 찬반 토론해 봅시다.

3 남성적, 여성적이라는 성별화된 외모 기준 외에도 우리 사회에는 몸의 다양성을 저해하는 많은 기준과 규범이 있습니다. 우리 사회는 어떤 몸을 정상이 아니라고 비난하고, 갈라치기하고, 배제하고, 가두고 있을까요? 그렇게 소외시키고 차별하는 이유는 무엇일까요?

6부

젠더와 언어

언어는 사회를
반영한다

질문
있어요

Q1. 여성 혐오는 무엇을 뜻하는 개념인가요?

Q2. 일상에서 쓰는 성차별적 말들에는 무엇이 있나요?

Q3. 성차별적 언어습관을 고치려면 무엇부터 해야 하
나요?

인간은 혼자 살 수 없습니다. 사회 속에서 관계를 맺으면서 살아가지요. 관계의 집합체인 사회에서는 의사소통이 필수적입니다. 소통은 문자언어든, 음성언어든, 수어든 바로 언어가 기본 수단이 됩니다. 그래서 언어는 곧 사회이고 문화입니다.

어떤 사람들이 모여 살면서 어떤 언어를 사용하는가는 결국 그 사회의 문화와 관습, 인식을 그대로 반영합니다. 그래서 언어를 들여다본다는 것은 결국 그 언어를 사용하는 사람들의 문화를 살핀다는 뜻이 됩니다. 즉 언어의 주체가 가진 생각과 인식을 알 수 있습니다.

이번 장에서는 우리 사회에서 어떤 언어가 사용되고 있는지, 그 언어는 어떤 문화를 반영하는지 젠더 관점에서 살핍니다. 또 일상에서 사용하고 있는 차별과 혐오의 언어를 변화시키는 데 우리는 어떤 역할을 할 수 있을지 고민해 보겠습니다.

아주 오래된 차별,
한자어 속 여성 혐오

언어와 문화 속에 깊이 스며든 '여성 혐오'를 설명하기 위해 서른네 장의 한자어 낱말로 구성된 카드 세트를 제작했습니다. 앞면은 한글로, 뒷면은 같은 단어를 한자로 표기했죠.

이 카드를 수업에서 종종 활용하는데요. 참여자에게 한글 단어가 적힌 앞장만 보고 자유롭게 카드를 분류해 보라고 합니다. 별도의 규칙을 제시하지 않기 때문에 참여자는 고심하며 나름의 기준을 정해 분류합니다. 분류를 마치면 각자 또는 각 모둠이 세운 분류의 기준을 발표하죠. 그런 후 모든 카드를 뒤집습니다. 그러면 여기저기서 탄성이 터져 나옵니다. '충격적이다', '단편적으로 알고 있었는데 모아놓고 보니 끔찍하다'는 반응을 보이죠. 그 이유는 바로, 제시된 카드 중 부

정적이거나 소극적인 의미의 단어에는 여자를 뜻하는 '女'
가, 긍정적·진취적인 의미의 단어에는 아들을 뜻하는 '子'가
부수인 한자어였기 때문입니다.

한자는 본래 중국 문자지만 오랜 시간에 걸쳐 우리나라
에 유입되어 우리말처럼 사용되었습니다. 우리말은 한자어
가 참 많은 부분을 차지하고 있는데요. 한글학회의 '큰사전'
에 수록된 단어 중 한자어가 절반을 넘을 정도입니다. 대부
분의 '의미를 가진 단어'들은 한자어로 이루어진 경우가 많
지요. 젠더 논의를 하는 우리는 '여女'자와 '자子'자가 한자어
에서 어떻게 사용되고 있는지 살펴봅시다. 각각은 '여자, 딸,
처녀, 계집'과 '아들, 맏아들, 자식'을 뜻하는 말이지만 한자
어의 특성상 여러 가지 단어들과 결합 되면서 다양한 뜻과 형
태를 만들어 내거든요.

여(女)	자(子)
여자, 딸, 처녀, 계집	아들, 맏아들, 자식

몇 가지 예를 들어보죠. 질투嫉妬(미워할 질/샘낼 투), 혐오嫌惡
(싫어할 혐/미워할(악할) 오), 간신奸臣(간사할 간/신하 신), 노비奴婢
(종 노/여종 비), 간통姦通(간음할 간/통할 통) 등의 부수에 '女'자
가 보이죠? 특히 간통에서의 '간姦'은 '女'자 세 개만으로 이

루어져 있습니다. 한자어의 '남존여비' 세계관을 잘 드러내는 대목으로 부정적인 뜻이 있는 한자에 여성형 언어를 결합시켜 그 의미를 전달하고 있습니다. 인간의 부정적 감정을 뜻하는 단어에서 '女'자를 많이 발견할 수 있어요.

또 '女'자는 안전安全(편안할 안/온전할 전), 애교愛嬌(사랑 애/아리따울 교), 기생妓生(기생 기/날 생), 요염妖艶(요사할 요/고울 염) 등과 같이 여성의 몸이나 성향, 역할, 영역을 의미하는 단어에도 들어있습니다. 우리가 '안전'이라는 말을 할 때, 지붕 아래 치마저고리를 입은 아리따운 여성이 가만히 앉아 있는 모습을 상상하면서 사용하지는 않죠? 그러나 한자 문화권에서는 여성이 집안에 조용히 앉아 있을 때 편안하다고 생각했던 모양입니다.

반면 '子'자를 결합해 사용하는 단어들을 살펴볼까요? 예컨대 학교學校(배울 학/학교 교), 효도孝道(도 효/길 도), 후손後孫(뒤 후/자손 손), 문자文字(글월 문/글자 자), 잉태孕胎(아이밸 잉/아이밸 태) 같은 긍정적인 단어에 '子'자가 있네요. 학교에 아들만 가는 것도 아니고, 아들만 효도하는 것도 아닐 거고, 문자를 사용하는 것이 아들뿐일 리 없고, 후손이 아들만 있는 것도 아니죠. 아들만 임신하는 것도 아닌데 잉태라는 글자에는 아들만 있고요. 최근 바꿔 부르자는 운동을 통해 '포궁'으로 불리는 여성의 생식기 이름 '자궁子宮'도 생각나는군요. 아직도 대부분의 병원에서는 '자궁'이라고 칭하고 있습니다.

또 얼마 전까지만 해도 '女'자는 '계집 녀'로 불렀습니다. 언어 속 성차별을 개선하자는 문제 제기를 통해 '여자 녀'로 바뀌었지만, 아직도 표준국어대사전을 살펴보면 '계집'이 들어간 단어●가 즐비합니다. 반면 남성을 지칭하는 단어는 '아들 자ㅈ' 외에 '사내, 장부, 아들, 사내자식, 젊은이, 장정'이라는 뜻을 가진 '남자 남男'도 있습니다. 왜 여자는 딸을 뜻하는 한자어가 없을까요? 생각해 보니, 그것도 이상하네요!

아무렇지 않게 사용하는 단어에 여성에 대한 차별이 이렇게나 많이 존재하고 있었다니! 너무 오랫동안 우리는 문제를 문제로 인식하지도 못하고 일상을 살았는지도 모르겠습니다. 청소년부터 교사, 양육자, 활동가 등 다양한 지역사회 사람들과 이 카드를 통해 '아주 오래된 차별'에 대해 이야기하고 있는데, 아직 제 의도를 알아차린 분은 한 분도 없었어요. 우리는 알고도 모르고도 이러한 여성 혐오적 말들을 익숙하게 사용해 왔고 아마 앞으로도 그럴 겁니다. 그러나 우리가 이 지면을 통해 알게 된 이상, 보다 나은 사회를 꿈꾸는 이상 이제라도 달라질 방법을 찾아봐야 하겠습니다.

● **노비** 사내종과 계집종 / **더벅머리** 웃음과 몸을 팔던 계집 / **뜬색시** 바람난 계집 / **민며느리** 며느리로 삼으려고 관례를 하기 전에 데려다 기르는 계집아이 / **본서방** 샛서방이 있는 계집의 본디 남편 / **여우** 하는 짓이 깜찍하고 영악한 계집아이 / **요부** 요사스러운 계집

뿌리 깊은 사회적 차별,
여성 혐오

혐오는 크게 '생물학적 혐오'와 '사회적 혐오'로 나누어 생각해야 하는 이중적 개념입니다. 국어사전 정의는 '싫어하고 미워함'이고 영어로는 disgust(역겹다), hate(미워하다)의 뜻인데, 이는 '생물학적 혐오'에 가깝다고 볼 수 있습니다. 예를 들어 곰팡이나 벌레, 음식 쓰레기나 오염물질, 세균이나 바이러스 같은 더럽고 위험한 물질에 본능적으로 미움을 느끼고 거부하는 것은 사실 인류가 위험으로부터 생존할 수 있게 된 결정적 감정 장치입니다. 이에 반해 '사회적 혐오'는 해당 사회문화에서 구성/재구성되기를 반복하는 개념으로 사회의 정상성과 도덕 기준에서 벗어나는 사회적 소수자를 타자화하고 배제하기 위한 기재입니다. 대표적으로는 여성 혐오, 성소수자 혐오, 장애인 혐오, 인종 혐오 등이 있습니다.

여성 차별을 통칭하는 말

이러한 맥락에서 '여성 혐오Misogyny(미소지니)'는 사회적 혐오로 봐야 합니다. 단순히 여성을 미워해서 '여성 혐오'가 아니라 남성과 동등한 개인으로 대우하지 않고 타자화·대상화하여 불합리한 차별이나 배제가 발생하는 사회 현상을 '여성 혐오'라고 하니까요. 그러니까 단순히 '여성도 남성을 미워하고 혐오하지 않냐'고 물으려면 그 전에 그 혐오가 생물학적인 개념인지 사회적 개념인지를 명확히 한 후 그로 인해 남성들이 불합리하고 부당한 차별과 배제, 대상화를 겪고 있는지까지를 점검해 보아야 합니다. 그래야 여성 혐오와 동일한 의미의 남성 혐오가 성립되는지를 알 수 있습니다.

'여성 혐오'는 여성에 대한 뿌리 깊은 차별을 통칭하는 말로, 앞서 살펴보았던 여성을 대상으로 하는 성적 대상화와 외모에 대한 이중 잣대에서부터 그릇된 성별 고정관념과 편견·멸시, 그리고 삶의 현장에서 보다 구조적으로 발생하는 배제와 물리적 차별, 전방위적 성폭력까지를 폭넓게 아우르는 개념입니다.

바로 앞에서 한자어에 '女'자가 들어가서 부정적 의미를 띠는 단어들을 살펴보았죠? 질투하고, 샘을 내고, 투정 부리고, 간사하고, 간음하고, 요사스럽고, 몸의 맵시나 복장이 아리땁거나 요염한 존재를 '여성'이라고 통칭하여 가리키는 것, 바로 여성 혐오의 전형적 현상이라고 볼 수 있겠습니다. 또 안전, 애교, 기생, 노비 등과 같이 여성을 공적 영역에 적당하지 않은 불완전한 성별로 간주하거나 남성에 비해 열등한 존재로 위치시키고 성적 대상화하는 말들 또한 여성 혐오 현상의 일환이라고 볼 수 있겠습니다.

착각하면 안 되는 것은 여성 혐오를 남성만 하는 것은 아니라는 점입니다. 남성중심적으로 구성된 문화권에서 우리는 매일 숨 쉬고, 먹고, 입고, 공부하며 살아가기에 사회와 사회구성원들이 용인하는 기준과 문화를 우리도 내면화하고 수용하게 됩니다. 다시 말하면, 여성도 여성 혐오를 하는 것에 익숙합니다.

여성 혐오 범죄

한국에서는 2016년 강남역 주변 상가 건물에서 아무 이유 없이 여성이 살해당한 사건을 '강남역 여성 혐오 살해 사건'

이라고 칭하면서 여성 혐오에 대한 본격적인 논의가 시작되었습니다. 가해자가 남녀공용 화장실에서 1시간 이상 기다리다가 남성 6명을 보내고 나서야 일면식도 없던 23살의 여성을 여러 번 찔러 살해한 사건으로 대법원은 살인범에게 징역 30년을 명했습니다. 경찰은 가해자의 심리를 종합 분석하여 조현병이라는 정신질환에 의한 피해망상, 즉 '묻지마식 범죄'라고 결론을 내렸지만, 많은 전문가와 여성들은 "평소에 여자들이 나를 무시해서 범행을 저질렀다."는 가해자의 발언과 6명의 남성을 그냥 보낸 점 등을 종합해 '여성 혐오 범죄'라고 보았습니다. 설사 정신질환이 원인이라고 해도 비합리적이고 비이성적 사고를 했을 때 보인 공격성이 어떤 대상을 향하게 되는가 하는 질문의 끝에 '여성'이 있다는 거죠.

사소해 보이는, 별거 아닌 거 같아 보이는 고정관념과 편견을 그대로 두면 이는 반드시 폭력으로 이어집니다. 그것이 바로 사회적 혐오의 극단적 형태입니다. '여성은 나보다 못한 열등한 존재다'라는 생각이 '열등한 여성이 날 무시했으니 죽여야 한다'로 연결되는 겁니다. 그래서 누군가를 차별하고 열등하게 여기는 혐오 표현에 대해 우리는 저항하고 바꿔나가야 합니다.

2020년에 발표된 대전여성가족정책센터의 '대전시 20대 여성의 안전의식 및 실태조사'에 의하면 20대 여성의 98% 가 여성 혐오 표현을 경험했다고 합니다.[34] 온라인에서는 주로 SNS와 온라인 커뮤니티, 뉴스 댓글에서 경험했다는 응답이 많았고, 오프라인에서는 학교와 직장이 87.8%에 달했습니다. 가장 많이 듣는 표현으로는 '김치녀(92.6%)', '메갈이냐(81.9%)', '된장녀(81.7%)' 순이었고 '너무 많아서 기억 안 난다'는 응답도 있었습니다. 응답자의 99.1%는 여성 혐오를 사회적·구조적 문제로 인식하고 있었습니다.

2021년 국가인권위원회의 '온라인 혐오 표현 인식 조사'[35] 에서도 오프라인보다 온라인에서 더 심각하고(79.3%), 혐오 표현의 주 대상은 '여성(80.4%)'과 '특정 지역 출신(76.9%)', '페미니스트(76.8%)', '노인(72.5%)'의 순으로 나타났습니다. 장애인 혐오도 67%나 되는 응답률이 집계되었습니다.

여성과 페미니스트는 늘 혐오의 주요 대상으로 꼽힙니다. 이 조사를 통해 우리가 알 수 있는 사실은 혐오는 언제나 사회적 약자를 겨냥한다는 것, 비대면·익명성이 보장되는 온라인 공간에서 조금 더 노골적으로 드러난다는 것입니다.

혐오 표현의 원인으로는 '우리 사회의 구조적 차별이 온라

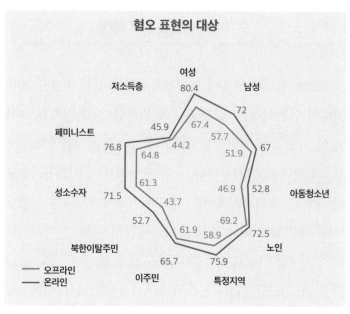

혐오 표현의 대상

출처: 국가인권위원회 제공, 2021

인에서 그대로 구현되는 것이다'라고 답한 응답률이 가장 높았습니다(86.1%). 그다음으로는 '인터넷 서비스 사업자의 방관(85.5%)'과 '일자리 등 개인적인 경제난을 약자에게 표출(82.4%)', '언론의 보도 태도(79.2%)' 등이 꼽혔습니다. 시민들은 이러한 혐오를 해소할 방안도 제시했는데요. 정치인·언론 혐오 조장 표현 보도 자제, 학교 내 혐오차별 예방 교육 확대, 혐오차별 인식 개선 교육 캠페인 강화, 악의적 혐오 표현 시법 조치 강화, 정부 차원 종합적 대책 수립, 관련 법률 제정,

인권위와 같은 차별 시정 기구 권한 강화 등이 있었습니다.

여성 혐오를 포함한 모든 사회적 약자를 대상으로 하는 혐오 표현은 사회 구조적 문제입니다. 그러므로 개인의 실천만으로는 부족합니다. 많은 시민이 법과 제도의 마련과 관련 기구의 적절한 작동이 필요하다고 지적하고 있습니다. 결국 사회 전체가 혐오 표현 문제를 공론하고 함께 바꾸려는 인식 개선의 노력이 전제되어야 합니다.

젠더로 다시 쓰는 언어

문제가 많은 것도 사실이지만, 그만큼 사회는 빨리 변하기도 합니다. 그래서 우리는 희망을 놓지 않는 것이죠. 2015년 온라인 #나는_페미니스트입니다 운동과 2016년 '강남역 여성혐오 살인사건', 2018년 #미투운동이 연이어 일어나면서 한국은 '페미니즘 리부트'•라고 불릴 만큼 많은 여성이 자기 삶을 자각하고 변화를 모색하는 페미니즘 연구와 다양한 실천을 전개했습니다.

이는 한국 사회에서 거스를 수 없는 강력한 사회흐름으로 읽혔고, 여성들 개개인의 실천과 더불어 보다 구조적이고 근

• **페미니즘 리부트** 2015년 전후의 '페미니즘 붐' 현상을 설명하기 위해 고안된 개념입니다.

본적인 변화가 필요하다는 요구가 본격화되었습니다. 이러한 시대적 요구에 따라 과거 무심코 써 왔던 단어들을 젠더 관점으로 재해석하고 성차별적·여성 혐오적 표현이 있는지 점검하여 개선하자고 하는 운동이 활발히 일어났죠.

앞서 한자어에 교묘히 숨어 있는 여성 혐오와 성별 고정관념들을 살펴보았는데요. 여기서도 여러분의 예민하고 날카로운 분석 능력이 필요합니다. 일상에서 사용하는 성차별적 말들을 찾아봅시다.

일상에서 사용하는 성차별적 말들

대표적 성차별 단어에는 '유모차', '맘스스테이션', '미망인' 등이 있습니다. '어린아이를 태워서 밀고 다니는 차'라는 뜻의 유모차의 '모母'자는 어머니를 뜻하죠. 육아에 대한 아버지의 책임은 보이지 않습니다. 이에 아이를 돌보는 책임과 역할을 여성에게만 부여하는 성별 고정관념을 재생산하고 있다고 지적되면서 '유아차'라는 단어가 대안으로 제시되었습니다. 이는 누가 밀고 다니는지가 아니라 누가 타고 다니는지에 방점을 둔 의도로 보면 됩니다. '유모차'와 '유아차' 모두 국립국어원의 표준어이지만 '유아차'나 '아기차'라는 단어를 권장하고 있습니다.

　어린이들이 유치원, 어린이집 등하원 시 탑승하고 대기할 때 머무르는 공간을 의미하는 '맘스스테이션'과 지역 육아 커뮤니티를 뜻하는 '맘카페', 학교 주변 순찰과 안전을 점검하는 '마미캅' 또한 엄마만을 육아의 책임자로 호명합니다. 사적 영역에서 여성의 역할을 고정하고 돌봄노동의 책임을 여성에게만 지운다는 점에서 각각 '어린이 승하차장', '육아 카페', '어린이 안전 지킴이'로 바꿔 쓰고 있습니다.

　'미망인'은 한자어로 未亡人으로 씁니다. 직역하면 '아직 죽지 못한 사람'을 뜻하죠. 남편이 죽으면 아내도 따라 죽어야 하는 중국 고대의 순장 관습에서 유래된 말입니다. 철저히 가부장적 가치관을 담고 있죠. 모든 어휘를 반드시 한 단어로 말할 필요는 없습니다. 좀 길고 불편해도 '故(고)● ○○○씨의 배우자'가 적절하다고 보는 의견이 많습니다.

　이 외에도 직업이나 역할 앞에 여성을 지칭하는 성별 표시가 굳이 필요하냐는 지적이 있습니다. '여교사', '여류작가', '여군', '여의사', '여교수', '여학생', '여직원' 등의 단어는 '여+ 기본형 단어'의 형태를 띠는데요. '남교사'라는 말을

● **故**(옛 고) '이미 지나간 때, 옛날의'라는 뜻의 한자어로 흔히 '이미 세상을 떠난'이라는 뜻으로 사용됩니다.

사용하지 않는 것으로 보아 '교사', '작가', '군인', '의사', '교수', '학생', '직원' 등은 모두 남성을 기본으로 하는 단어라고 볼 수 있겠습니다. 즉 '교사'가 남성을 기본 전제로 하므로 여자 교사를 지칭하는 단어로 '여교사'가 만들어졌다는 거죠.

이렇게 오늘날 많은 사람이 당연하게 사용되던 일상적 언어를 하나하나 점검하면서 뿌리 깊은 언어 속 성차별과 여성 혐오를 해결하기 위해 노력해야 할 것입니다.

반드시 해결해야 할
성차별적 언어습관

여기저기서 성차별적 언어를 개선하자는 실천들이 줄을 잇고 있습니다. 2018년 서울시여성가족재단은 시민들의 제안과 언어학자, 여성계 전문가들이 함께 제작한 '성평등 언어사전'을 발표하였는데요. 이를 보면 우리가 일상에서 무심코 사용했던 말들이 얼마나 많은 성차별적 요소를 내포하고 있는지 알 수 있습니다.

이 밖에도 운전 초보자를 지칭하여 사용되던 '김 여사'는 '운전 미숙자'로, 상대방의 동의 없이 촬영하는 성폭력을 지칭하던 '몰래카메라'는 '불법 촬영'으로, 폭력의 원인을 피

서울시여성가족재단의 '성평등언어사전'

여교사
여직원 → 교사
여교수 → 직원
→ 교수

남성성을 기본으로 하여 여성성이 파생된 단어. 예) 여류작가, 여의사, 여군 →작가, 의사, 군인

저출산 → 저출생

'아이를 적게 낳는다'는 뜻으로 저출산의 책임이 여성에게 있는 것으로 오인 소지 있음

유모차 → 유아차

모(母)만 유모차를 사용한다는 의미로 평등육아 개념에 반대됨

맘스스테이션 → 어린이 승하차장

육아 관련 어휘에서 '맘(엄마)'의 역할만 강조 예) 맘카페 → 육아카페

미망인 → 故 ○○○씨의 배우자

'남편이 죽으면 아내가 따라가야 한다'는 중국 고대 순장 제도가 배경이 된 단어

○○맨 → ○○퍼슨

남성중심이 아닌 성별 구분 없는 표현 사용 예. 비즈니스맨 → 비즈니스퍼슨

버진로드 → 웨딩로드

'처녀의', '순결한'의 뜻을 지닌 단어가 여성을 뜻함.

처녀○○ → 첫○○

일이나 행동을 처음 한다는 의미로 '처녀라는 단어를 사용.
예) 처녀작, 처녀출전, 처녀비행 → 첫작품, 첫출전, 첫비행

자궁 → 포궁

아들(子)뿐만 아니라 딸도 잉태할 수 있음

부녀자 → 여성

결혼 여부를 구분하지 않고 사용해야 함

처가 → 처댁

시댁만 높여 부르지 않고 동일하게 표현

친가 → 어머니 본가
외가 → 어머니 본가

외(外)라는 표현이 거리 있게 느껴짐

장인·장모
시아버지 → 아버님·어머님
시어머니

도련님 → 부남
아가씨 → 부제

처제·처남과 달리 존대의 표현을 사용

집사람·안사람 → 배우자

남성은 집 밖에서, 여성은 집 안에서 일한다는 인식

주부 → 살림꾼

한 집안의 살림살이를 맡아 꾸려가는 '여성'을 뜻함

해자에게서 찾게 만드는 '리벤지포르노'●는 '디지털 성폭력'으로 바꿔 왔습니다. '처가(결혼한 여자 쪽 집안)', '도련님, 아가씨(남편의 동생)', '처남, 처제(결혼한 여자의 동생)', '집사람', '주부' 등 가족관계 내 호칭을 점검하고 개선하려는 움직임도 활발합니다.

　이러한 변화의 바람에 찬성하지 않는 사람도 있습니다. 지금도 괜찮은데 군이 비용과 노력을 들여 그런 걸 만드냐는 것이죠. 일부 종교단체나 학부모 조직, 민원인들은 그런 걸 만들면 역효과가 난다고 주장합니다. 유럽연합은 이미 2009년에 성차별적 호칭이나 단어의 사용을 금지하는 적극적 움직임을 보였는데요. 당시 유럽도 모두가 이런 운동에 찬성한 것은 아니었습니다. 언제나 양면이 존재합니다. 우려와 반발은 변화에 필연적으로 따라오는 문제이기도 합니다.

　우리도 반드시 해결해야 합니다. 이러한 변화에 대해 많은 백래시Backlash●가 발생하고 있지만 더 나은 사회를 향한 인류의 전진에 후퇴란 있을 수 없습니다. 변화의 중심에 함께 서

● **리벤지포르노** 연인과 헤어진 후에 보복하기 위한 목적으로 상대방의 성적인 사진이나 영상 등을 유포하는 심각한 폭력이자 범죄입니다.
● **백래시** 사전적 의미로는 '반발', '역풍', '저항'이란 뜻으로 인권, 성평등 등 사회의 진보적 변화에 대한 대중, 언론, 기득권, 정치 등의 반발과 심리적 저항, 공격을 포함하는 포괄적 용어로 쓰입니다. 전 세계적으로 나타나는 현상으로 한국에서는 성평등 운동에 대한 남성들 중심의 백래시 현상이 주로 화두에 오릅니다.

서 한 발 한 발 걸어가면 좋겠습니다. 혼자는 어렵습니다. 함께여야 가능합니다.

작은 실천도 좋다

성평등한 학교 문화를 만들기 위한 청소년들의 실천은 이미 진행 중입니다. 인천 강화여고 학생들은 개교 후 60년 동안 불러왔던 교가의 '여자다워라'라는 후렴 가사를 '교가 개사 공모전'을 통해 '지혜로워라'로 바꿨고요. 부산 사직여중도 1977년 개교부터 내려온 시대에 맞지 않은 낡은 교훈과 교가를 학생들의 힘으로 바꿔냈습니다. '슬기롭고 알뜰한 참여성'에서 '슬기롭고 따뜻한 참사람'으로요. 이 외에도 스쿨미투를 비롯한 학교 성차별 문화 개선을 위한 청소년들의 노력은 계속되고 있습니다.

아! 그렇다고 아주 거창한 변화를 만들자는 것은 아닙니다. 나와 주변의 일상에서 개선할 말들을 찾아내고 지켜야 할 말들을 찾아내는 것. 외모 때문에 놀림 받고 비난받는 친구가 있다면 나는 무엇을 할 수 있을지 고민하는 것. "여자니까~", "남자니까~"로 시작되는 말을 비판적으로 듣고 반응하기. 성별 고정관념을 강화하는 드라마나 영화 콘텐츠를 보지 않거나 문제 제기하기. 이해가 안 되는 사회 현상이 있다면 정확한 정보를 직접 찾아보기. 이 모든 일이 우리가 일상에서 바로 할 수 있는 젠더 실천입니다. 아주 작고 사소한 단어 하나, 말 한마디가 사람을 살리기도 하고 세상을 바꾸기도 합니다.

눈을 크게 뜨고 보면 가정과 학교, 지역사회에서 성별 고정관념이 작동하는 장면들이 보입니다. 젠더에 관한 우리의 고민과 실천이 우리 사회를 보다 민주적이고 평등한 사회로 변화시킬 겁니다. 오늘부터 여러분도 '젠더 전문가'로서, 그리고 시민으로서 내가 사는 지역을 변화시킬 주체로 다시 태어나길 바랍니다.

(함께 고민하고 말하고 싶어)

2023년 11월 4일 밤 12시 10분쯤 진주시의 한 편의점에서 아르바이트 중인 20대 여성을 무차별적으로 폭행한 20대 남성이 현장에서 검거되었습니다.[36] 가해자는 범행 당시 여성에게 "여성이 머리가 짧은 걸 보니 페미니스트"라며 "나는 남성연대인데 페미니스트는 좀 맞아야 한다"라고 말했어요. 폭행을 막으려던 50대 손님에게는 "왜 남자가 남자를 돕지 않냐"며 의자로 가격했다고 합니다. 평범한 여성이 하루아침에 '편의점 숏컷 여성 폭행 사건'의 피해자가 되었습니다.

사건이 언론을 통해 알려지자 수많은 여성이 온라인에 자신의 숏컷 사진과 함께 '#여성_숏컷_캠페인'이라는 해시태그를 게시했고, 가해자의 신상 공개 및 엄벌 촉구 국민청원에 5만 명이 넘게 동의했습니다.

1 멀쩡히 일하고 있던 한 여성이 정당한 이유 없이 폭력의 피해자가 되었습니다. 여성은 왜 폭행을 당했을까요? 피해자가 숏컷이 아니었다면 이런 일이 일어나지 않았을까요? 페미니스트는 왜 이러한 공격을 받는 걸까요? 여성 혐오와 연결하여 생각해 봅시다.

2 시민의 관점에서 이러한 여성 혐오 범죄를 어떻게 바라보아야 할까요? 지금 피해자에게 가장 필요한 것은 무엇일까요? 또 다른 여성 혐오 범죄를 찾아보고 문제의 원인과 해결책에 대해 토론해 봅시다.

3 일상에서 사용되는 여성 혐오 표현에는 어떤 것이 더 있을까요? 여성 혐오 외에 청소년 혐오, 장애인 혐오, 노인 혐오, 이주민 혐오 등 다양한 혐오 표현을 찾아보고 그 원인을 생각해 봅시다.

힌트 대부분의 혐오와 차별은 앞서 우리가 이야기 나눈 바와 같이 사소한 편견과 고정관념에서 시작되는 경우가 많습니다. 어떤 고정관념에서 시작된 혐오 표현인지 생각해 봅시다.

혐오 표현	혐오 표현의 대상	대상에 관한 편견/고정관념

4 왜 혐오 표현은 사회적 소수자들을 대상으로 행해질까요? 약자를 대상으로 재생산되는 혐오에 대항해 우리는 어떠한 역할을 할 수 있을지 토론해 봅시다.

어서오세요 여러분,
'프로불편러'의 삶으로 초대합니다

이 책에서 우리는 삶과 사회를 몇 가지 분야로 나누어 젠더의 시각으로 분석해 보았습니다. 먼저 생존을 위해 가장 먼저 필요한 '최소한의 안전'에 관해 이야기를 나누었고(1부), 우리 사회의 노동과 경제활동 분야를 젠더로 분석해 보았죠(2부). 소위 '먹고 사는 문제'에서도 젠더는 전방위적으로 작동하면서 여러 가지 차별을 만들어 내고 있었습니다. 그래서 각 개인이 당면한 문제들을 해결하려고 했더니 무엇이 필요했죠? 네, 바로 정치 권한이 필요했습니다. 그래서 정치 참여에 관한 젠더 분석을 해 보았는데요(3부). 이 분야에서도 여성은 매우 제한적이고 통제된 참여를 하고 있었죠. 여성의 삶은 안전, 경제, 정치라는 세 개 분야에서 모두 불안하고 아슬아슬한 상황에 놓여 있었습니다. 이 세 개 분야가 눈에 보이는 가시화된 문제들이라면, 몸과 언어에 관한 이야기는 눈에 잘 안 보이는 인식과 관습의 문제에 가깝습니다. 어쩌면 앞의 세 개 분야의 밑바닥에서 아주 오랫동안 조용히 흐르는 거대하고 어두운 바다 같달까요?

5부와 6부에서 다룬 우리의 몸과 언어에 관한 젠더 문제는 결국 안전, 경제, 정치라는 분야와 직접적으로 연결되고 서로 영향을 주고받으며 단단히 결속됩니다. 모든 차별은 연결되는 것이죠. 어쩌면 눈에 보이는 차별과 폭력은 수면 위로 보이는 빙산의 일각에 불과할지 모릅니다. 수면 아래에는 더 크고 단단한 얼음덩어리가 존재하는 것이죠.

성폭력 방지 특별법을 비롯한 각종 여성 대상 범죄를 처벌하는 법의 제정과 여성할당제, 남녀동수법, 남녀 임금 격차를 줄이기 위한 노력과 기업의 여성 임원 할당 규정 등 눈에 보이는 차별을 개선하기 위한 법과 제도의 노력만으로는 부족합니다. 결국 수면 아래에 있는, 인류의 역사와 함께해 왔다고 해도 과언이 아닐 만큼 공고하고 뿌리 깊은 여성 혐오와 성별 고정관념이 해결되지 않으면 오늘날 젠더 문제는 절대 해결되지 않을 겁니다. 거대한 얼음산은 지치지 않고 계속해서 수면 위로 올라올 테니까요. 그렇다면 어떻게 해야 이 단단한 얼음덩어리를 깨거나 녹일 수 있을까요? 투표권 없는 청소년도, 입법자가 아닌 저 같은 일반 시민도 당장 사회 변화를 일으킬 방법이 있습니다. 바로 수면 아래로 들어가서 거대한 얼음덩어리와 직면하는 겁니다. 일상에서, 가정에서, 학교에서, 마을에서, 시공간에 상관없이 작동하는 여성 혐오와 성별 고정관념, 성에 관한 왜곡된 인식, 편견과 똑바로 마주하는 것이죠. 그리고 마주한 사실에 대해 보다 정확하고 객관적인 정보를 수집하고 비판적으로 판단하면 됩니다. 사실을 기반으로 생각을 정리하고 미디어나 주변인의 말에 쉽게 흔들리지 않는 겁니다. 옳다고 생각하는 것에 관한 신념과 옳지 않다고 생각하는 것에 저항하는 힘도 중요하겠죠. 가능하다면 이러한 생각을 친구나 가족, 주변에 소개해 보는 것도 좋겠습니다.

성별 고정관념, 성차별, 여성 혐오 등의 젠더 문제와 직면하려면 '프로불편러'가 되어야 할지도 모릅니다. 그동안 당연하다고 가르쳐 왔던 모든 것들에 대해 '왜?'라고 질문해야 하니까요. 사회는 예민한 사람을 탐탁지 않아 합니다. 그러나 우리는 더 나은 사회에서 더 나은 관계를 맺으며 더 나은 삶을 살 수 있고 그런 삶을 후손에게 물려줄 책임과 권리가 있습니다. 세계는 조금씩 더 나은 사회로 변화해 왔습니다. 이제 인류의 선배들이 그 바통을 우리에게 전해주려고 합니다. 여러분은 그 책임과 권한을 기꺼이 받으시겠습니까?

차별과 혐오가 있는 곳에 연대도 있다

제가 활동하고 있는 안양나눔여성회는 2022년에 안양문화예술재단과 함께 '#이제내가쓰지않는말들 in 안양'[37] 사업을 진행했습니다. 문제의식 없이 사용했던 말이 누군가를 배제하거나 차별하지는 않는지 시민들과 함께 점검해 보는 문화사업이었죠. 더뎌 보이지만 우리 사회가 얼마나 긍정적 방향으로 변화해 왔는지 소개하고, 아직도 산적한 차별적 언어를 모아내는 데 목적이 있었습니다.

그러나 사업 홍보 현수막이 관내에 걸리자 폭언과 위협을 가하는 민원인들의 전화가 빗발쳤고 끝내 사업은 중단되었습니다. 이유는 사업 주체인 안양나눔여성회와 섭외된 강사들이 '차별금지법에 찬성한다'는 것이었습니다.

잠시 주춤하고 있을 때, 사업 취지에 동의하는 시민들이 모금 운동을 벌였고, 안양 지역 시민사회단체가 함께 연대하면서 사업은 재추진되었습니다. 시민 모금을 시작하는 날 외쳤던 '차별과 혐오 없는 지역사회를 만들겠다'는 힘찬 외침이 지금도 생생합니다.[38]

전국적으로 '페미니즘'이나 '다양성', '인권', '차별금지법' 등을 내건 교육이나 사업들이 이러한 혐오적 민원 때문에 중단되는 일이 반복되고 있지만, 우리는 시민들이 연대하기 시작했다는 점에 주목해야 할 것입니다. 네, 차별과 혐오가 있는 곳에 '연대'도 있었던 것입니다.

여러분, 긴 글의 마지막에 지역에서 겪은 백래시 경험을 함께 나누는 이유는 차별과 혐오가 있는 이 현장에 여러분을 동료 시민으로 초대하기 위함입니다. 결국 여러분과 제가 앞으로도 계속 살아갈 사회로 말입니다.

참고문헌

1 청소년 성소수자 지원센터 띵동 ddingdong.kr
2 "출발의 선언 #나는페미니스트입니다", 한겨레21, 2015.3.18.
3 『모두를 위한 페미니즘』(벨 훅스, 2017), p.37
4 "꼭 결혼해야" 10명 중 2명뿐…이유 있는 '저출생의 덫', 경향신문, 2023.2.22.
5 2020년 경찰청 범죄통계 https://www.police.go.kr/www/open/publice/publice03_2020.jsp
6 "성범죄 원인, '야한 옷'이 아닙니다… '강간 피해자 옷' 전시회", 국민일보 2018.1.17.
7 "성폭력은 피해자 탓' '키스는 성관계 허용'…잘못된 통념 여전", 한겨레, 2023.2.10.
8 "성폭력 2차 가해 방지…서울시 조례 77건·규칙 17건 공포", THE FACT, 2021.3.25., "성폭력 2차 피해 대응 부산시 조례 개정 추진", KBS 뉴스, 2023.8.28.
9 "'미투(#MeToo)' 운동, 2018년 한국 사회의 가장 중요한 화두", 여성신문, 2018.12.20.
10 스쿨미투 전국지도 100개 학교, 정치하는 엄마들, 2020. 2.
11 통계청-지표누리 www.index.go.kr
12 "경력 단절 여성은 왜 경력이 단절됐나…자녀는 여성 책임?", 이데일리, 2023.6.1.
13 UNDP: United Nations Development Program(유엔 개발 계획).
14 "우리나라, 여성 고용률 지속적 상승세…여성 고용률 56.2%", 파이낸셜투데이, 2017.12.18.
15 "'경력 단절여성→경력보유여성' 진성준 의원, 개정안 발의", 여성신문, 2023.4.11.
16 "사람인 '여성 직장인 2명 중 1명, 유리천장 여전하다 느껴'", 서울경제, 2019.7.24.
17 "[취재파일] '채용 성차별', 범죄로 확인됐지만…KB국민은행 '벌금 500만 원'", SBS 뉴스, 2022.1.18.
18 "하나은행도 '채용 성차별'…여성 지원자만 커트라인 높였다", SBS 뉴스, 2018.4.2.
19 "'성차별 채용' 신한카드, 여성 92명 고의로 탈락시켜… 1심서 고작 벌금 500만 원", 여성신문, 2023.8.11.
20 "'군대 갈 생각 있나' '결혼 생각은?' 채용과정 성차별적 질문, 이대로 괜찮나", 아시아경제, 2021.3.17.
21 "'훈훈한 외모'·'남직원 모집' 채용 공고 성차별 여전", SBS 뉴스, 2023.2.1.
22 "한국, ○○○ 수준이 세계 100위권 밖 '후진국'?", KBS뉴스, 2023.6.22.
23 인권위 "여성할당제 권고에 정치권 수용 뜻 밝혀…여성 의원 비율 121위", KBS 뉴스, 2023.6.16.
24 인권친화적 의회 만들기-지방의회 여성의원에 대한 성차별·성희롱·성폭력 실태 조

사, (사) 지방자치발전소, 2020. 12.

25 여성의 지방의회 정치참여 영향요인 분석, 경성대학교 사회과학연구소, 2015.

26 IPU Guidelines(2019). p. 5.

27 "프랑스 총선 여성의원 역대 최다…마크롱 파격 실험 통했다", 여성신문, 2017. 6. 21.

28 발의연월일 2020. 6. 29. 의안번호 1116(장혜영의원 대표발의/발의자: 장혜영·심상정·배진교·강은미·이은주·류호정·권인숙·이동주·강민정·용혜인 의원(10인))

29 "외모와 성형수술에 대한 인식-1994/2004/2015/2020년", 한국갤럽 자체 조사, 2020.

30 "여중·고생 4명 중 3명 색조화장 경험", 소비자를 위한 신문, 2017. 5. 26.

31 "정상체중 중학생의 체형인식이 자아존중감에 미치는 영향: 체형만족도의 매개효과와 성별 차이", 한국청소년정책연구원, 2015.

32 "깡마른 몸매 되고싶다" 국내 거식증 환자 중 10대 여성 청소년 비중이 가장 많았다, 허프포스트코리아, 2020. 10. 12.

33 "'외모사회'를 넘어…일주일간 '외모' 말하지 않기", 한겨레, 2016. 2. 15.

34 "'너 메갈이지?'… 20대 여성 98%, 여성 혐오 표현 경험", 여성신문, 2020. 3. 3.

35 "여성·지역 대상 온라인 혐오 표현, '기사 댓글'서 가장 많이 접한다", 한겨레, 2021. 9. 2.

36 "여자가 왜 머리가 짧아" 편의점 알바 무차별 폭행한 20대, SBS 뉴스, 2023. 11. 6 .

37 이 사업은 2020년 11월 정의당 장혜영 국회의원이 작가 14명과 함께 펼친 '#내가이제쓰지않는말들' 사업에 기인한다. 이를 지역에 맞게 리뉴얼한 사업이 '#이제내가쓰지않는말들 in안양'이다.

38 2022년 문화 다양성 사업에 관한 백래시 상황과 안양 지역 시민사회의 대응은 모두 [안양 시민사회단체연대회의] 홈페이지에 업로드되어 있다. (aysocial. org)